あらゆる
人間関係を
改善する!

夢をかなえる
質問

谷原 誠 弁護士

PHP

まえがき

「あなたは、質問の偉大な力を、もうご存じですか？」

いかがでしょうか？

答えは、「はい。質問の偉大な力については、もう知っています」あるいは、「いいえ。質問の偉大な力については、まだ知りません」となります。

しかし、いずれの答えでも、「質問には偉大な力がある」ということが前提になってしまっています。これは、本書でも説明する「誘導質問」というものです。「質問には偉大な力がある」という自分の結論に誘導する質問テクニックです。

本書では、日常的に交わされる「うまくいかない会話」について、質問を上手に活用することで、いかに「うまくいく会話」にしていくか、を解説しています。私たちの悩みの多くは、人間関係に関するものです。「あの人は、何を考えているのか？」「どうすれば、あの子と良好な関係を築けるのか？」「部下を教育する良い方法はないものか？」など、人間関係に関する悩みは尽きません。

しかし、その多くは質問を上手に活用することによって解消することができると考えています。それは、なぜでしょうか？

質問には、強制力があります。質問されると、私たちは、その質問に答えようとして考えてしまいます。自動的に、答えを出そうと考え始めるのです。その力を認識し、その力を最大限に使うことができれば、次のようなことができるようになるでしょう。

①相手から真意を引き出す
②相手と良好な関係を築く
③相手に考えさせる
④相手を説得する

そして、質問の強制力を自分に向けることができれば、自分をも変えることができるでしょう。

質問力を身につけるとき、自分が変わり、他人に影響力を発揮している自分に気がつくでしょう。質問力が、あなたの夢をかなえる強力な武器になることを信じています。

あらゆる人間関係を改善する！
夢をかなえる質問　もくじ

第2章

友人に質問してみよう

第3章

仕事関係の人に質問してみよう

第4章 自分に質問してみよう

第1章

家族に質問してみよう

CASE 1
同居を拒絶する母親

高血圧で通院している76歳の母親・タカエ。一人暮らしをさせておくのは不安だ、と考えた娘・スミコは同居をしたいと考えている。しかしタカエは、長年住んだ土地から離れることや、娘婿との同居に抵抗感があるようだ。

夢がかなわない質問

スミコ「ねえ、お母さん」

タカエ「何？　あらたまって」

スミコ「そろそろ、私たちと同居しない？　ダシオさん（夫）も『ぜひ来て』って言ってるの」

タカエ「え～……。嬉しいけど、この家を離れるなんてイヤだわ」

スミコ「そう言うと思ったわ。でも、お母さんも、もう年よ。不自由なことも多いはずよ」

タカエ「そんなことないわよ」

スミコ「膝の具合も悪いし、血圧も心配だし、一人暮らしは無理でしょ？」

タカエ「そんなことない。まだまだ平気よ」

スミコ　「平気だなんて、よく言うわ。この間も転びかけたって言ってたじゃない」

タカエ　「でも、結局転ばなかったもの。お母さん、まだまだ自分のことは自分でできるわ」

スミコ　「はあぁ……。なんで、できないのに『できる』って言うのかなあ」

タカエ　「何、その言い方！」

スミコ　「困るのはお母さんよ？　いざってとき、一人じゃ病院にも行けないでしょ？」

タカエ　「行けるってば」

スミコ　「ほら、また。どうしてうちに来るのがそんなにイヤなのよ？」

タカエ　「イヤとは言ってないでしょ。ただ、ここにいたいのよ」

スミコ　「どうして？　一緒に住んだほうがいいに決まってるのに、何が気に入らないの」

タカエ　「……」

スミコ　「お母さんのためを思って言ってるのよ。ねえ、なんでよ!?」

タカエ　「だから！　アンタのそういう物言いがイヤなの！」

スミコ「何それ！　私のことがイヤだから来ないっていうの!?」

タカエ「あんまりよ！　人を年寄り扱いして！」

スミコ「76歳はどう考えたって、年寄りよ!!」

タカエ「あーやだやだ！　アンタと一緒に住んだら、きっとケンカばかりになるわ！」

スミコ「わかったわよ！　じゃあ、もう勝手にして！」

NGポイント こちらの価値観を押しつけると、相手は心を閉じる

「不自由なことも多いはず」「一人暮らしは無理でしょ」「病院にも一人で行けないでしょ」……と、終始「決めつけ」の形で質問するスミコさん。そして「同居したほうがいいに決まってる」と、自分の価値観を押しつけています。

「もう年でしょ」「～できないでしょ」という言い方も、スミコさん側の一方的評価であって、しかもかなりの上から目線。「年寄り扱いして！」というタカエさんの怒りも当然でしょう。

質問するときには、質問者の価値観が浮き彫りになります。これでは、「お母さんは、もう年で、一人暮らしは辛いだろうから、私たちが一緒に住んであげるわ」と言っているように感じてしまい、相手の自尊心が傷ついてしまいます。

タカエさんはスミコさんの申し出に応じてしまうと、よけい自尊心が傷つくことになるため、その提案を拒否することで自衛しようとします。その結果、タカエさんの目的はより良い結果を目指すのではなく、提案を拒否することを目指すことになり、うわべの理由

を並べるようになって、本当の理由が隠されてしまいます。

「どうして」「ねえ、なんでよ」とＷＨＹの質問を重ねているのも問題です。ＷＨＹの質問は、相手に論理的な回答を求め、相手を追い詰めがちです。子どもの「なぜなぜ攻撃」を受けたことがある方はご存じだと思いますが、「なぜ？」と質問されると、論理的に答えなければならなくなり、その結果、回答を考えることに苦痛を感じてしまいがちなのです。

【例】

子ども「なんでゴハンの前に『いただきます』って言わないといけないの？」

親「それは、食べられることに感謝するためよ」

子ども「なんで食べられることに感謝しなきゃいけないの？」

親「食べられないと生きられないでしょ？　だから生きられることに感謝するのよ」

子ども「なんで生きられることに感謝しなきゃいけないの？」

親「うるさいわね！」

このように、ＷＨＹを続けられると、回答者は苦痛を感じます。そこで、可能な場合には、ＷＨＹを他の言葉に転換して質問することをおすすめします。

解決策　仮説を立てて、相手の本音を聞き出そう

ここは無理強いではなく、お母さんの気持ちをくんで双方納得できる落としどころを見つけるのが正解。ポイントとしては、マインドセットと質問のテクニックがあります。

まずマインドセットでは、次の二つの点が重要です。

①共感する

タカエさんが同居をイヤがるのは、論理的理由ではなく、感情的理由のことが多いでし

ょう。人は感情で結論を決め、論理で正当化するものだからです。したがって、この会話では、感情面で共感していくことが大切です。「同居させる人VS同居を拒否する人」という対立関係から、「母親の幸せを一緒に探す協力者」へと立場を転換することが大切です。

②対等の立場を心がける

「もう年でしょ」「～できないでしょ」という言葉は、自分が上で相手が下、そして相手の能力を評価し、見下している表現です。当然、相手は自尊心が傷つき、反発し、本音を語ってはくれないでしょう。相手の良き理解者になるためには、相手と対等の立場に立たなければなりません。対等であれば、「無理でしょ」ではなく、「最近不便になってきたことはない?」「何か手伝えることはない?」というような表現になるはずです。

質問のテクニックでは、以下の三つの質問プロセスで本音を聞き出しましょう。

①相手の気持ちを想像し、仮説を立てる

「お母さんが同居を嫌がるとしたら、その理由は何か」を事前に想像し、仮説を立てておきましょう。「うちの夫が苦手？」「都会に住むのに抵抗あり？」など、考えられる限りの仮説を立てます。

②「クローズド・クエスチョン」で仮説を検証

実際の会話で、その仮説をひとつひとつ検証します。この段階では、「ＹＥＳ／ＮＯ」のどちらかで答えさせるクローズド・クエスチョンを使います。これは、多数の仮説から不要なものを排除するためです。仮説を排除し、最終的に残ったものが本音である、という考え方です。したがって、クローズド・クエスチョンで「ＮＯ」が返ってきたらその仮説を消していく、という形で可能性を絞り込んでいきましょう。

③５Ｗ１Ｈの質問で、相手の状況と心情をたしかめる

ほどよく絞られてきたら、「オープン・クエスチョン」に転換。いわゆる５Ｗ１Ｈ（いつ・どこで・誰が・何を・なぜ・どのように）の形で状況を聞きます。ただし、できるだけWHYは連発しないように気をつけましょう。相手の「同居したくない理由」に納得がいけば、それを受け止めることも大切。その上で、「いつならOKか」「どうなったらOKか」など、条件面のすり合わせをしましょう。

この会話の目的は、「なんとかして母親を同居させよう」ということではなく、「母親が不自由せずに生活でき、かつ、自分が心配しないで済むような方策は何か」を探ることであることを、常に忘れないようにしなければなりません。

ですから、結果的に、お母さんを同居させることができないことになってもよいのです。

夢をかなえる質問

スミコ「ねえ、お母さん」

タカエ「何？　あらたまって」

スミコ「そろそろ、私たちと同居しない？　ダシオさんも『ぜひ来て』って言ってるの」

タカエ「え～……。嬉しいけど、この家を離れるなんてイヤだわ」

スミコ「わかるわかる。でもお母さんの身体が心配なの。だから一緒に住みたいのよ」

タカエ「ありがとう。スミコの気持ちは嬉しいわ。でも、お母さんはまだまだ大丈夫よ」

スミコ「そうは言ってもねえ。あ、もしかしてウチの人と暮らすの、気づまり？」

タカエ「ううん。ダシオさん、私にも優しいから（笑）」

スミコ「そうよね。……あ、もしかして、東京は車ばかりで怖い、なんて思ってる？」

タカエ「そんなわけないでしょ。ここだって、そこまでは田舎じゃないわよ」

スミコ「じゃあ、あれかしら、やっぱりお父さんとの思い出の場所から離れたくない、とか？」

タカエ「ううん、そんなことは思わない」

スミコ「えっ？　そうなの？」

タカエ「どこに住んだって、お父さんの思い出はついてくるわよ。いいこともイヤなことも」

スミコ「そう……。じゃあ、なんでお母さんは、ここにいたいの？」

タカエ「なんでって、友だちもいるし」

スミコ「どこのお友だち？　ご近所？」

タカエ「最近、四丁目のキクヨさんとこによく集まるの。そこでお茶飲んだりして」

スミコ「あら、楽しそう。キクヨさんって、たしか学校の先生だった方よね？」

タカエ「去年退職されたの。昔の生徒さんもよく来て、悩み相談所みたいになってるわ」

スミコ「へえ〜。お母さんも相談してるの？」

タカエ「何言ってるの、私は相談に乗るほうよ」

スミコ「えっ、そうなんだ」

タカエ「姑がどうとか夫がどうとか、子どもの受験とか縁談とか。私も通った道だもの」

スミコ「そうよね。たしかに、いいアドバイスができそうね」

タカエ「相談しやすいって、みなさん言ってくれるのよ」

スミコ「頼りにされてるんだ」

タカエ「私も助けられてるのよ。メンバーの誰かがしょっちゅう様子を見に来てくれるし」

スミコ「知らなかった。一度、私からもご挨拶しておかないと」

タカエ「そうしてくれると嬉しいわ」

スミコ「少なくとも今はここにいるとして……いくつまでここに住みたい？」

タカエ「そうね、80歳過ぎたら考えるわ」

スミコ「80歳を過ぎたあと、『どうなったら』って、決めておかない？」

タカエ「そうねえ……洗濯物が干せなくなるくらい腰が曲がったら」

スミコ「あと、血圧が170超えたら」

タカエ「180でどう？」

スミコ「本当にここにいたいのね。その気持ちはよくわかったわ」

タカエ「ありがとう。お母さん、スミコが心配してくれる気持ちも、ちゃんとわかってるからね」

CASE 1

※「WHY」は他の質問に言い換える
※自分の結論に誘導しない

START

マインドセット

❶共感
相手の感情に
共感し、先を促す

❷対等の立場
上から見下さない
評価しない

質問テクニック

❶仮説を立てる

❷クローズド・
クエスチョンで
不要な仮説を排除

❸5W1Hで相手に
話をさせる

GOAL

CASE 2
学校に行きたがらない息子

中学二年生の息子・ヒキ太が、突然学校に行きたくないと言い出した。高校受験を控えた大事な時期に、不登校などになっては将来にかかわる。「私じゃ言うことを聞いてくれない」と言う母親に代わって、父親・ダシオが説得に乗り出した。

夢が**かなわない**質問

ダシオ「おい、ヒキ太！」

ヒキ太「……何？」

ダシオ「お前、学校に行きたくないと言ってるらしいな。お母さん、心配してたぞ」

ヒキ太「フウ……。まったく、余計なことを……」

ダシオ「何が余計なことだ。お前、今がどういう時期か、わかってるのか」

ヒキ太「どうせ、高校受験がどうとか、内申書がどうとかって言うんだろ」

ダシオ「わかってるなら、どうして学校に行かないんだ」

ヒキ太「行きたくないもんは、行きたくないんだよ」

ダシオ「バカを言うな。成績が下がって、高校に行けなくなってもいいのか」

ヒキ太「……」

ダシオ「ほら、返事ができないじゃないか。明日からちゃんと行くんだぞ」

ヒキ太「……行かない」

ダシオ「なんでだ！　まさか、いじめか？　いじめにあってるんだな？」

ヒキ太「はあ？」

ダシオ「そうだったのか……。そういうことなら、父さんは黙ってないぞ」

ヒキ太「ちょっと、やめてくれよ、違うから！」

ダシオ「相手はどんなやつだ。お前も負けてないで闘え。どうだ、一緒に少林寺でも習うか」

ヒキ太「違うって！　いじめじゃないって！」

ダシオ「なんだ、違うのか。じゃあ、何なんだ」

ヒキ太「うるさいな。もう、ほっといてよ」

ダシオ「わけを話せ、わけを！」

ヒキ太「もう、出てけよ！」

ダシオ「親に向かって、その口のきき方はなんだ！　今晩はゴハン抜きだ！」

ヒキ太「なんだよそれ！　おやじ、マジで最低！」

✕ NGポイント 自分の「思い込み」で会話の目的や仮説を設定しないこと

この会話におけるダシオさんの本当の目的は、何でしょうか？

「学校に行かせること」でしょうか？　それは、違います。ダシオさんは、「ヒキ太くんを学校に行かせること」を目的にし、その手段として、命令や脅しをしています。その結果、話し合いは決裂し、「どうせ親は俺のことなどわかってくれない」と、親子関係も悪化してしまっています。

この会話におけるダシオさんの目的は「ヒキ太くんが学校に行きたくない理由を明らかにし、その問題を解決すること」です。その手段として、①ヒキ太くんから情報を引き出し、②その解決策を一緒に考える、という行動が必要になるのです。問題が解決すれば、ヒキ太くんは、学校に行くようになるでしょう。

たとえば、愛知県から東京都に行くことを目的とし、新幹線という手段で移動しようとしたとしましょう。自分の思い込みで、「京都」が目的地だと信じ込んでしまっていたら、反対の方向に進んでしまいます。いくら優れたテクニックを駆使しても、自分の思い込みで間違った目的地を設定していたら、間違った方向へ進んでしまうのです。

ところがダシオさんには、「相手を理解しよう」という姿勢が見られません。「とにかく学校には行くべきだ！」という親の側だけの前提に立ち、頭ごなしに命令しています。「そんなことでは高校に行けなくなる」と不安をあおり、「ゴハン抜きだ！」と脅しをかける。理解してもらえないヒキ太くんは、ますます態度を硬化させていきます。

もちろんダシオさんも、ヒキ太くんを苦しめたいわけではありません。むしろ、心から心配しています。不登校になどなったら将来ますます苦労する、なんとしても解決してやりたい、という思いは真剣そのもの。しかしここでは、その真剣さが逆効果になっています。

そしてもうひとつ、ダシオさんは「ひとつの仮説にこだわる」というミスをしました。

仮説を立てて質問することは相手を理解するために大切なのですが、注意点がありま す。それは、「自分の仮説に執着してはいけない」ということです。自分の仮説が間違っている可能性が十分ある、ということを前提にしなければなりません。だから、仮説が正しいか間違っているかをたしかめるために、相手に質問をするのです。したがって、仮説を立てて質問をする際は、考えつく限りの仮説を、ひとつずつ相手に問いかけて確認していくことが大切です。にもかかわらずダシオさんは「いじめ」という仮説だけにとらわれて勝手に話を進め、ヒキ太くんを呆れさせています。

その結果、「ヒキ太くんを理解すること」を目指さないといけないのに、「自分（ダシオさん）の考えを理解させること」を目指した会話になってしまっています。

解決策　「うなずき質問」で相手の言葉を促そう

ダシオさんに必要なのは、子どもが学校に行きたくない理由、つまり「子どもが今、どんな問題に直面しているのか」を探る姿勢です。

そこで有効なのが「うなずき質問」。相手の言葉を繰り返し、うなずき、共感するという質問方法です。つい心配のあまり矢継ぎ早な質問を繰り出したくなりますが、無理に質問をして刑事の「尋問」のようになると、相手は答えたくなくなります。

「学校に行きたくないんだ」「そうか、行きたくないのか」と事実に即してうなずくほか、「どうしてもイヤなんだ」「イヤなのか」「困ってるんだ」「そうか、困ってるんだな」と、感情に共感を示すことで相手の気持ちを受け止める姿勢を示すことができます。

この対応は、ヒキ太くんに「次の言葉」を促します。

ヒキ太くんも本当は、親に気持ちを伝えたいと思っているのですが、「言ったら怒られるかも」「わかってもらえないかも」と不安を抱いて言い出せないのです。そんなとき「共感」を示してもらえれば、安心して語れるでしょう。

とはいえ、ティーンエイジャーの心中は複雑で、自分でもなかなか整理のつかないもの。したがって、すぐにスラスラと話し出すことはありません。ダシオさんはじっくり時間をかけて耳を傾ける覚悟が必要です。

「うなずき質問」に加えて、「自分のことを語る」というアプローチも効果的です。これを「自己開示」といいます。人は、相手が自己開示をすると、自分も自己開示の方向に向かいやすくなります。

「お父さんも、昔は学校に行きたくない時期があったんだ」といったエピソードを話せば共感度が増し、気持ちがより通じやすくなります。

夢をかなえる質問

ダシオ「ヒキ太、お前、学校を休んでるんだって？」
ヒキ太「……いいだろ、少しくらい」
ダシオ「なんで学校行かないんだ？」
ヒキ太「行きたくないからに決まってるだろ」
ダシオ「そうか、行きたくないのか」
ヒキ太「学校行ったって、つまんねえもん」
ダシオ「つまんないか」
ヒキ太「最悪だよ。先生もクラスのやつらも」
ダシオ「最悪か。そりゃイヤになるな」
ヒキ太「そうだよ……」

ダシオ「わかる気がするなあ。父さんもお前くらいのとき、学校に行きたくなかったから」

ヒキ太「！　へえ……」

ダシオ「母さん、つまりお前のおばあちゃんが『何言ってるの！』って、部屋から俺を引きずり出そうとしてな」

ヒキ太「……」

ダシオ「玄関から放り出されて、中から鍵をかけられて」

ヒキ太「ひでえなー。無理やり『行け』って言われたら、ますますキツいな」

ダシオ「そうなんだよ」

ヒキ太「……本当は、迷ってるんだ」

ダシオ「迷ってる？」

ヒキ太「このままじゃマズいと思う。日数がたてば、ただでさえ最近難しくなった授業に、ますますついていけなくなるし」

ダシオ「うん、難しいか」

ヒキ太「しかも、周りは急に、受験を意識してがんばり始めてるし」

ダシオ「焦るなあ、それは」

ヒキ太「俺だけ、なんかノリが違う……みたいな。そしたら友だちと話すのもつまらなくなっちゃって」

ダシオ「それは寂しいな」

ヒキ太「……うん」

ダシオ「じゃあ、これからヒキ太は、どうしたい？」

ヒキ太「期末試験は受けないとマズいな……。でも、成績は下がってるだろうな……」

ダシオ「成績が悪かったら悪かったで、また考えればいいじゃないか。勉強時間を増やすも良し、志望校を変えるも良し」

ヒキ太「そうなの？……意外。もっと怒るかと思った」

ダシオ「怒ってどうなる。一緒に考えるのが親の役目だ。で、最後はお前が決めるんだ。

どうする?」

ヒキ太「わかった。俺、明日ひとまず、学校に行くよ」

ダシオ「そうか」

ヒキ太「もしかしたら授業、ぜんぜんわかんなくなってるかもしれないけど……」

ダシオ「いいじゃないか。たしかめてこい」

ヒキ太「うん、そうする」

CASE 2

相手に問題が生じている
「学校に行きたくない」

↓

問題を解決したい
「学校に行かせなくては！」

NG! ✕

↓

その手段は？
→命令、脅し、利益誘導……

相手に問題が生じている
「学校に行きたくない」

↓

問題を解決したい
「問題の原因は何だろう？」

OK! ◎

↓

問題の原因を明らかにする手段は？
→質問

↓

原因が明らかになった
「問題の原因を取り除く方法を一緒に考えよう」

CASE 3

家の用事をしないズボラ妻

マメオの妻・ダラ子はズボラ人間。専業主婦で子どももおらず、時間は十分あるはずなのに、炊事、洗濯、料理すべてが手抜き。今日は、マメオが再三頼んでおいたワイシャツのクリーニングを出し忘れていた。もう我慢も限界だ！

夢が**かなわない**質問

マメオ「えっ、クリーニングを出し忘れたって？　どういうことだよ！」

ダラ子「えへっ」

マメオ「じゃあ明日、何を着ていけばいいんだよ？」

ダラ子「大丈夫だよ～。今から洗濯機で洗ったら、朝には乾くよ」

マメオ「アイロンはどうするんだ？」

ダラ子「ああ、そうだった～……。壊れてたんだっけ」

マメオ「っていうか、壊したんだろ、お前が。こないだ落として壊したんだろ！　シワシワのワイシャツを着てくのかよ！　明日は大事な商談があるのに！」

ダラ子「ごめんね」

マメオ「いっつもそうだよな。ごめんねで済むと思ってる。で、まったく進歩しない」

ダラ子 「そんなことないよ」

マメオ 「晩メシはいつも一品だけだし、たまに二品あると思ったらシャケとパンだし。食器は洗わないし。洗濯物も溜めっぱなしだし」

ダラ子 「……」

マメオ 「いつも言ってるだろ。ワイシャツはクリーニングに出してくれって。こんな簡単なことが、どうしてできないんだよ。本当に、どうしてそんなにだらしないんだ？」

ダラ子 「……」

マメオ 「なんだよ」

ダラ子 「ふーんだ。どうせ私はダメ嫁ですよ～」

マメオ 「お前がフクレられる立場か！」

ダラ子 「もう、寝る～」

マメオ 「はぁっ!?　ワイシャツを洗濯機で洗うんじゃなかったのか!?」

ダラ子「マメオくん、よろしくですぅ〜。おやすみなさ〜い」

マメオ「おいコラ、ふざけるな!!」

解説

NGポイント
相手を非難しても、行動は改善しない

本人も認める通り、ダラ子さんはかなりの「ダメ嫁」です。しかしマメオさんのように怒りをぶつけるだけでは、何も解決しません。

人は叱責されると、反射的に防衛態勢に入ります。ダラ子さんがノラリクラリとした返事を繰り返しているのは、マメオさんの怒りをなんとかかわそうとしているのです。

その対応に苛立ったマメオさんは、食事や炊事などの例を挙げながら、ダラ子さんの「これまでの失敗」を数え上げます。ダラ子さんにしてみれば、もう変えようのない過去の事例で断罪されるのですから、ますます追い詰められた気持ちになります。

そして「どうしてそんなにだらしないんだ？」と人格を非難されるに至って、ダラ子さんはついにフクレてしまいます。劣等感を刺激されて、「どうせ私は」とすねてしまうのです。

対人関係における問題解決のときの鉄則として、「問題の対象と人格とを区別する」ということが大切です。今回の問題の対象は、「ダラ子さんがクリーニングを出し忘れるの

を防止する」ということです。他方、「どうしてそんなにだらしないんだ?」という言葉は、「ダラ子さんの人格はだらしない」ということです。この二つは次元の異なることであり、混同してはいけません。人格を非難した途端に、通常、「何よ、アンタだって!」と人格攻撃の反撃が来るか、今回のように「どうせ私は」というように、会話は、問題解決を目的としたものではなく、「人格vs人格」という、次元の異なるテーマに移ってしまいます。問題を解決したければ、相手の人格を非難してはいけないのです。

「フクレられる立場か」というマメオさんの指摘は当然といえば当然なのですが、本当に妻に変わってほしいと思うなら、ここはもっと建設的な方向性で問いかけるほうが問題解決に近づくでしょう。

解決策 相手の「正当化」を受け入れるのが実は近道

マメオさんの願いは、「妻が行動を改めてくれる」ことです。

それなら、「これまで」の失敗を指摘するのではなく、「これから」同じ失敗をしないためにはどうするか、という目標を立てることが大切です。

ここで着目すべきは、ダラ子さんの「正当化ポイント」です。

なぜダラ子さんは家事をしないのか。なぜ頼んだことをしておいてくれないのか。そこには、彼女なりの言い分があります。マメオさんからすると信じがたいことかもしれませんが、彼女は自分の内心では自分を正当化しているのです。「明日やればいいと思っていた」「忙しくて忘れていた。これは仕方ない」などの正当化が、彼女の中にはあることでしょう。私は弁護士をしていて、多数の罪を犯した人たちに会ってきました。彼らとの会話では、窃盗犯は、「貧乏だったから、仕方なかったんだ」、傷害犯は、「相手がガンをつけてきたのがいけないんだ」というような、自分の犯罪を正当化するような表現が何度も聞かれました。私は初めのうちは、衝撃を受け、にわかには信じられませんでした。「ええ？　そんなこと言っても、罪を犯しちゃダメでしょ。ぜんぜん正当化されてないでしょ」と思っていました。しかし、だんだん、そのように考えるのは、人間の自然な思考なのだと思うようになりました。そのようにして、なんとか自分を正当化しないと、自尊心が傷ついて耐えられないということなのです。

マメオさんにしてみれば、また、読者の方々からすると、「何を勝手な！」と言いたくなるところですが、あえてそこに共感してみるのが、ひとつの打開策となります。ダラ子さんが言いそうな弁解を予測して、その気持ちを受け入れつつ問いかけをしましょう。

こうして良好な雰囲気を保ちつつ問いかければ、問題点がクリアに見えてきます。

そこまで来たら、次は解決策を探る段階に入ります。

解決策は、あくまで「二人で」考えましょう。マメオさんが命令し、ダラ子さんがシブシブ従うという形では、改善は一時的なものに終わります。人は、命令されると、それに従いたくなくなります。自分で思いついてもらうのが最上です。一緒に問題を解決する仲間という対等な立場で話し合うことで、両者ともに納得できる策を見つけ出せます。それが結果的に、ダラ子さんの行動を改善する最短距離となるのです。

夢をかなえる質問

マメオ「えっ、ワイシャツ、クリーニングに出してくれてないの？」

ダラ子「ごめーん。夕方になって思い出したんだけど、もう閉店してたの～」

マメオ「そう……」

ダラ子「今朝まで覚えてたんだけど、お昼になったら忘れちゃってた～」

マメオ「そうかあ。今日、忙しかったの？」

ダラ子「うん！　掃除をしたり、スーパーに行ったり」

マメオ「……それは忙しいな」

ダラ子「久しぶりの友だちから、ラインも来たし～」

マメオ「そうかあ。忙しいところに用事を増やして悪かったね」

ダラ子「そんなことないよ！　私こそ、ごめーん。ワイシャツ、洗濯機で洗うよ」

マメオ「アイロンはどうしよう？　壊れてたんじゃなかったっけ」

ダラ子「そうだった〜。どうしよう？」

マメオ「あれ、もう古かったからね」

ダラ子「そう、古かったの。ちょっと落としただけで、電源が入らなくなっちゃって」

マメオ「じゃあ、シワは伸ばせないな」

ダラ子「上着を着たら、あんまりわかんないんじゃない？」

マメオ「いやいや、そういうわけにはいかないよ。困ったなあ。とりあえず、洗濯だけはしてくれよ」

ダラ子「わかった〜。部屋に干しとけば、朝には乾くよ」

マメオ「ところでさ、ダラ子」

ダラ子「なあに〜？　マメオくん」

マメオ「ワイシャツはね、やっぱり毎回クリーニングに出したい。営業職だからね。身だしなみは大事なんだ」

ダラ子「……うん。わかった」

マメオ「で、これから忘れずにクリーニング屋さんに行けるにはどうしたらいいか、一緒に考えない？」

ダラ子「そうだねー……。マメオくんが前の日に言ってくれたら、出すよ」

マメオ「それはもうやってる」

ダラ子「そうだった〜。じゃあ、玄関に置いといてくれたら、出すよ」

マメオ「この間、それもやったけど、忘れなかったっけ？」

ダラ子「そうだった〜。靴箱の上って、意外と見落としちゃうんだよね」

マメオ「見落としやすいところに置かないように、俺も注意するよ」

ダラ子「うん。で、マメオくんが職場から電話してよ。そしたら出すよ」

マメオ「仕事中にそれはちょっと……。何かいい方法ないかな？」

ダラ子「そうだ！　ホワイトボードを買わない？」

マメオ「ホワイトボード？」

ダラ子「『明日はクリーニング屋さん』って、大きく書いとくの」

マメオ「それはいいね。書くのは誰？　ダラ子が自分で書いてくれたら嬉しいけど」

ダラ子「うん。それくらいならできると思う」

マメオ「よかった。じゃあ、俺は何をしようか？」

ダラ子「『明日クリーニング屋さんに行って』って教えてくれればいいよ。そしたら、すぐ書きま～す」

マメオ「いいね。ホワイトボードの定位置はどこにする？」

ダラ子「冷蔵庫の扉がいいんじゃない？」

マメオ「なんで？」

ダラ子「おやつを食べるときに、絶対見るから」

マメオ「アハハッ、たしかに。それなら忘れないな」

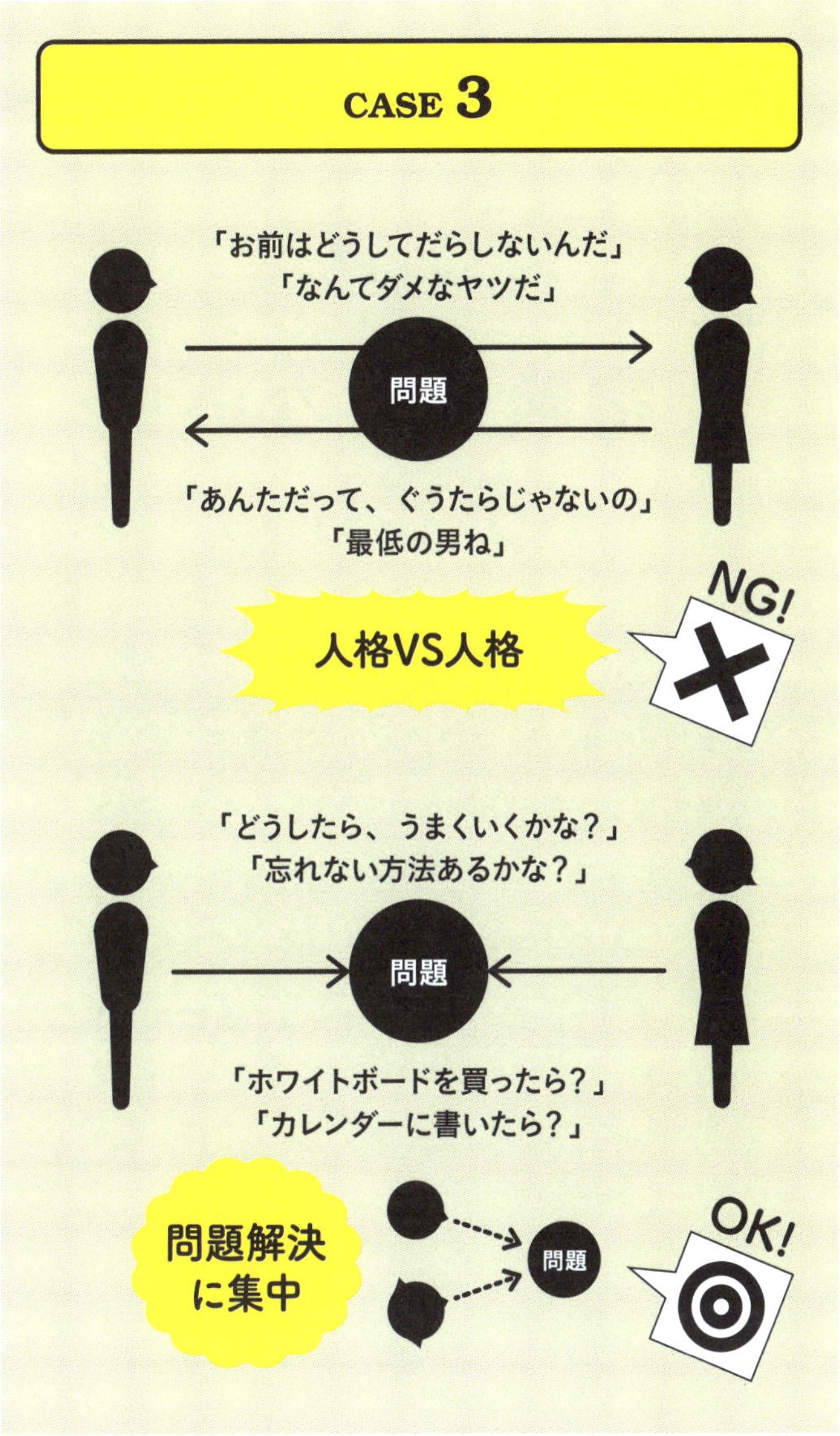
CASE 3
「お前はどうしてだらしないんだ」
「なんてダメなヤツだ」
問題
「あんただって、ぐうたらじゃないの」
「最低の男ね」
人格VS人格
NG!
「どうしたら、うまくいくかな？」
「忘れない方法あるかな？」
問題
「ホワイトボードを買ったら？」
「カレンダーに書いたら？」
問題解決
に集中
問題
OK!

CASE 4

宿題をしない子ども

クド代の一人娘、ゴロ美は小学四年生。とにかく勉強嫌いで机に向かいたがらないのが、クド代の悩みの種である。宿題を忘れることもしばしばで、先日の家庭訪問でも担任から注意を受けてしまった。この怠けグセを改めるには、どうしたらいいのだろうか。

夢がかなわない質問

クド代「ゴロ美！　またテレビ見てる！　宿題やったの？」

ゴロ美「今やろうと思ってたのに！　ああもう、そんなこと言われたから、かえってやる気がなくなっちゃった」

クド代「へらず口を叩かないで、さっさとやりなさい。この間もママ、先生に怒られちゃったのよ。ゴロ美が宿題やってこないから、ちゃんと注意してくれって。もう、ゴロ美のせいでママが怒られるんだからね」

ゴロ美「わかった、わかった。やればいいんでしょ」

クド代「……」

ゴロ美「何よ？　ちゃんとやってるでしょ」

クド代「あのねえ、ゴロ美。言われてから始めるんじゃダメよ。言われなくても勉強する子にならなきゃいけないのよ」

ゴロ美「あ〜あ。ママって本当にうるさい」

クド代「まあ、なんて口きくの！」

ゴロ美「うるさいし、しつこい」

クド代「なんて子！　パパに言うからね！　パパに叱ってもらうからね！」

ゴロ美「じゃあ、ママはうるさくてしつこい、って私も言っちゃうもんね！」

クド代「あのね、ママはアンタが憎くて言うんじゃないのよ。やるべきことはきちんとやる子になってほしいから言うのよ。そんなんじゃこの先、中学に行っても、社会に出ても、結婚しても……」

ゴロ美「もう、うるさい、うるさーい！　完全にやる気なくした！」

クド代「ちょっと、何寝てるの！　もう、ママ知らない！」

解説

NGポイント

相手の自発性を奪う「命令」と「圧力」

「宿題しなさい」と言われて「今やろうと思ってたのに！」と反発する気持ちは、誰もが一度は味わった感覚でしょう。

これは、決定権を奪われたことに対する反発心です。人は、自分で行動を決定する自由を奪われると、自尊心が傷つきます。この場面でのゴロ美ちゃんは、宿題を始めるタイミングを自分で決める権利を奪われて、苛立っているのです。実際に宿題をやろうとしていたかどうか、にかかわりません。宿題をしようとしていても反発するし、宿題をしようとしていなくても反発します。親に「宿題しなさい」と言われてから宿題を始めると、自分の決定権を奪われ、親に支配された感じがして、自尊心が傷ついてしまうのです。

「ママが先生に怒られるんだから」も押しつけがましい表現です。「こちらが迷惑する」と圧力をかけたところで、それはやる気にはつながりません。

なお悪いのは、机についたゴロ美ちゃんに、「言わなくても勉強する子にならなきゃ」と追い打ちをかけたこと。ゴロ美ちゃんは母親の要求に従った瞬間に現状を否定され、さらに高いハードルを提示され、ついに「うるさい！」と暴言を吐きます。

解決策 「できたとき」にほめ、行動の意味を考えさせよう

一見遠回りのようですが、「宿題をやれ」と言わないことが最良の作戦です。

クド代さんの願いは、「今ここにある宿題をさせたい」ことだけでしょうか。そうではないはずです。クド代さん自身が言っている通り、「やるべきことはやる子になってほしい」が真の願いでしょう。宿題は、その大きな願いの中の一例にすぎません。

それを踏まえて、クド代さんはゴロ美さんが「すべきことをしている」場面がないか、よく観察しましょう。そして、それをしていたときにはほめましょう。

ここで効果的なのは、「そんなに早くできちゃったの？」「こんなにキッチリできたの？」など、驚きの感情を伴う質問です。

こうして子どもに「成功体験」の嬉しさを味わってもらったところで、次はそのときの気持ちや状況を振り返らせましょう。

どんなときにやろうと思ったのか、なぜうまくいったのか、を質問しましょう。成功の

自己分析をさせるのです。そして、他の場面でもそれを応用できないか、と考えさせることを目指しましょう。あくまで話の流れ次第ではありますが、次のような質問の流れができると理想的です。

・今回うまくできた理由は何か？
・このやり方をもっと良くする方法はないか？
・このやり方を他の場面で応用できないか？
・今後もうまくできるために、今から始めようと思うことは何か？

成功の原因をつかむことができたとき、ゴロ美ちゃんは「自分をやる気にさせるスイッチ」を見つけるでしょう。

夢をかなえる質問

ゴロ美「ただいまー」

クド代「おかえり。ねえ、お母さん、びっくりしちゃった」

ゴロ美「なにが？」

クド代「アンタの部屋見たら、すごく片づいてるから！」

ゴロ美「うん、片づけたの」

クド代「ゆうべまであんなに散らかってたのに！　今朝、学校行く前に片づけたの？」

ゴロ美「ううん。昨日寝る前」

クド代「えー。何時までかかったの？」

ゴロ美「そんなに遅くないよ、11時くらい」

クド代「そんなに早く片づけたんだ？　いったいどうやったの？」

ゴロ美「ママ、大げさ。そんなに難しくなかったよ」

クド代「そうなの？」

ゴロ美「漫画は本棚、服はクローゼット、ぬいぐるみはカゴに戻しただけだよ」

クド代「だって、机の上もスッキリしてたじゃない」

ゴロ美「机の上にも漫画がいっぱいあったからね。それを本棚に戻したら片づいたよ」

クド代「いやーホント、見違えたわあ」

ゴロ美「もう、大げさだってば」

クド代「片づいた部屋はどんな感じ？」

ゴロ美「どんなって……『ああ、片づいたな』みたいな」

クド代「それは『スッキリ！』って感じ？　それとも『達成感！』みたいな感じ？」

ゴロ美「ん～……『背中が痛くない』って感じ」

クド代「背中？　何それ？」

ゴロ美「ベッドで寝返りを打つと、漫画とかゲームとかが当たって痛かったんだよね。それがなくなって、ベッドが広くなって、すごく嬉しい」

クド代「そうか、ゴロ実はベッドを片づけたかったんだ？」

ゴロ美「うん。ゴロゴロしたいから」

クド代「痛いベッドじゃ、イヤだものね」

ゴロ美「うん、そうなんだ。本当は昨日の夜、一度片づけないまま寝たんだけど、落ち着かなくって。ああ、もう片づけよう！　って」

クド代「でも、明日起きられないかも、って心配じゃなかった？」

ゴロ美「ううん。11時でやめるって決めといたから」

クド代「へえ～」

ゴロ美「『11時までに、どれだけ片づけられるかな？』みたいな」

クド代「時間制限を設けたのね。考えたわねえ！　そういえば、算数の塾に行ってたときも、短時間で問題を解く練習だと、すごく集中してたものね。時間制限がゴロ美の成功の秘訣なのかもね」

ゴロ美「うーん、そうかも。時間が十分あると思うと、なんかやる気がしないのよね」

クド代「じゃあさ、何か他に時間制限を設けたほうができそうなことってないかな？　うまくいくかもよ」

ゴロ美「なんだろ？　宿題とか？　時間がいっぱいあると思うと、やる気がしないんだよね。たとえば、9時に始めて10時までに済ませる！　って決めたら、意外とすごいスピードでできちゃうかも」

クド代「……できそう？」

ゴロ美「わかんない。でも失敗したら、次は少し早く始めればいいでしょ」

クド代「なるほど。自分がどれくらいの速さでできるか、探っていくわけね」

ゴロ美「ゴロ美、意外と頭いいでしょ」

クド代「ホント、見直したわ」

CASE 4

上手にできたとき、成功したときにする四つの質問

※他人だけでなく、自分ができたときに、
自分にもこの質問をしてみましょう。

1. 今回うまくできた理由は何か？

2. このやり方を
もっと良くする方法はないか？

3. このやり方を
他の場面で応用できないか？

4. 今後もうまくできるために、
今から始めようと思うことは何か？

CASE 5

子育てを手伝わない夫

生後6カ月の長男・ナクオの子育てで疲労困憊のヒロ子。夫・ボヤ彦の転勤で越してきたばかりのため、近くに親戚もおらず、泣きどおしのナクオの世話を一人でしなくてはいけない。それをボンヤリ見るだけで手伝わないボヤ彦に、ヒロ子は苛立ちを募らせている。

夢がかなわない質問

ヒロ子「……ちょっと！　ずっとそうしてる気なん？」

ボヤ彦「な、なんやなんや？　なんで急に怒り出したん？」

ヒロ子「この状態を見て、なんか感じひんの？」

ボヤ彦「……なんやろ。『ナクオはホンマ、よう泣く子やなあ』とか？」

ヒロ子「だ・か・ら！　この子が泣いてんのを、なんで私だけが世話せなアカンの！」

ボヤ彦「ちょっと落ち着けや。泣き声とお前の怒鳴り声でわけわからんし」

ヒロ子「昨日も、この子を抱きながら片手であなたの夜食作ってたん、見てたでしょ？　アンタはボーッと見てるだけ！　おとといも、この子を寝かせてる間、アンタはボーッと見てるだけ！『その間に俺が食器洗っといたろ』とか考えつかへんの？」

ボヤ彦「頼む。怒鳴らんと、静かに言えや」

ヒロ子「フウ……。じゃあ、静かに言うわ。な・ん・で、ア・ン・タは、手伝わへんの」

ボヤ彦「ええやん。俺かて一日めっちゃ働いてクタクタやねんから」

ヒロ子「クタクタは私かって一緒やわ！」

ボヤ彦「ほらまた、怒鳴るなって」

ヒロ子「怒鳴らせてんのは誰っ!?」

ボヤ彦「あー、こわ。仕事中はお客や上司から好き放題言われて、ほんで帰ってきてまで怒鳴られて。きっついわあ」

ヒロ子「だ・か・ら！　アンタが手伝わへんからでしょ！」

ボヤ彦「だから、仕事で疲れてんねんてば。家に帰ったときくらい、ボーッとしたいやん」

ヒロ子「……」

ボヤ彦「ということで、テレビの続きを見てもオッケー？」

ヒロ子「オッケーちゃうわー!!」

NGポイント 要求と非難だけでは、相手を変えられない

我慢を重ねた末に爆発し、夫を怒鳴りつけるヒロ子さん。彼女の望みは「夫に家事・子育てを手伝ってほしい」ということなのですが、それをノラリクラリとかわされ、ますます苛立ちを募らせています。

彼女の言い分を集約すると、「ボーッと見てるだけ」という非難と、「手伝え」という要求です。しかしこれだけでは「夫を変える」という目的は達せません。「手伝え」という要求に対し、「それはできない。なぜなら、俺は仕事で忙しいからだ」という趣旨の反論をされ、あとは、話をはぐらかされます。この会話におけるボヤ彦さんの価値観は、「夫は仕事。妻は家事と子育て」というものです。会話の前提にある価値観が対立したまま話し合いをしていたら、いつまでたっても対立関係であり、平行線なわけです。

一方、ボヤ彦さんの対応にも改善の余地あり。妻が突然怒鳴り出す、という「わけわからん」事態に戸惑うボヤ彦さんですが、ヒロ子さんが「昨日もこうだった、おとといも

……」と言ったとき、その実例の共通点を探ることで、より良い受け答えができたでしょう。その共通点は「夫はボーッと見てるだけ」ということであり、それに対する彼女の「苛立ちと疲労感」です。ですからボヤ彦さんは、ただ「落ち着け」と言うだけでなく、その感情に合わせて「そうやな、お前が一生懸命働いているのに、俺がボーッと見てるだけだと、イライラするよな」と共感することが大切。それだけで、ヒロ子さんの怒りをかなり抑えることができます。

とはいえ、ヒロ子さんにしてみれば、これで当座の怒りは鎮まっても、「手伝ってもらう」という目的に達したわけではありません。夫の行動を変えるには、何が必要でしょうか。

解決策　言質を取って、相手を逃げられなくする「縛りの質問」を

いきなり「手伝って」と要求する前に、「手伝わざるを得なくなるような質問」をして、相手を逃げられなくする方法があります。そのためには、話し合いの前提の価値観を

共通のものにしておく必要があります。つまり、「夫は仕事、妻は家事と子育て」という価値観では、「夫は子育てを手伝わない」という方向に進みます。しかし、話し合いの前提の価値観が「子育ては夫婦二人が協力して行うもの」というものであれば、話し合いはスムーズに進むようになります。

たとえば、「あなたは子どもが大事よね?」。これはNOとは言えない質問でしょう。次いで、「子育てって、誰がするもの?」。これも一般的良識に照らし合わせると、「両親つまり夫婦二人の役割」と答えざるを得ません。こうなると、「夫は仕事、妻は家事と子育て」とばかりは言っていられなくなります。

そう答えさせておいて、「じゃあ、二人で子育てをしよう」と言えば、相手は反論しにくくなります。いわば、外堀を埋める作戦です。人は、質問に答えると、その答えに縛られます。「子育ては夫婦二人の役割だ」と答えておいて、それに反する言動はできなくなるのです。このように、縛りの質問で言質を取っておいて、「では、子育てで、どういう役割を果たすのか?」と質問をしていくと、何らかの役割分担をせざるを得なくなる、という寸法です。

なお、この質問方法は、自分の欲求を満たすためだけに使用しないように注意してください。相手が我慢しながら、イヤイヤやる、ということでは、今度は夫婦関係の悪化という問題を引き起こす危険性があります。要求の具体的内容をイメージしておくことも大切です。仕事が忙しいボヤ彦さんが可能な範囲でできる方法を考えておき、それを提案すればスムーズに話が進むでしょう。

夢をかなえる質問

ヒロ子「あー、やっと座れたわ」

ボヤ彦「ホンマにナクオは、今日もよう泣いたなあ」

ヒロ子「……ねえ」

ボヤ彦「何？」

ヒロ子「ナクオのこと、かわいい？」

ボヤ彦「当たり前やん！　かわいいで〜」

ヒロ子「大切に育てたい？」

ボヤ彦「そらそうや！」

ヒロ子「ねえ、ええ子育てって、なんやろ？」

ボヤ彦「なんや急に。そんなこと考えてたんか」

ヒロ子「そうやねん、理想の子育てってなんやろって、最近すごい考えんねん」

ボヤ彦「そうやなあ……そら一言では言えんなあ」

ヒロ子「やっぱり、いっつも誰かが見てないとアカンねえ」

ボヤ彦「そうやな、端々まで目が届いてんとアカンな」

ヒロ子「しかも、いろんな人の目で見たほうがええよね」

ボヤ彦「一人だけやと、気づかんこともあるからな」

ヒロ子「それって、誰の役割やろ？」

ボヤ彦「何言うてんねん、親に決まってるやん」

ヒロ子「親だけ？」

ボヤ彦「そらご近所とか、幼稚園入ったら幼稚園の先生とかいろいろあるけど、やっぱり親が一番そばにいて、一番よう見とかな」

ヒロ子「そやね。てことは、私と……」

ボヤ彦「俺と二人やな。両親がしっかり育てなアカン」

ヒロ子「でもあなたは仕事で忙しいから、あまり一緒にいられる時間がないねえ」

ボヤ彦「そうやな、一番接してるのはヒロ子ってことになるなあ」

ヒロ子「ボヤくんが一緒にいられる時間っていったら……」

ボヤ彦「夜と、あと週末か」

ヒロ子「週末は、ボヤくんがナクオとしっかり向き合える大事な機会やね」

ボヤ彦「……うん、そうやな」

ヒロ子「どうやろ、週末、あなたがナクオの世話係する、っていうのは？」

ボヤ彦「えっ」

ヒロ子「私が気づかんことでも、ナクオのために、パパの目で見たら気づくってことあるかも」

ボヤ彦「あ、うん……」

ヒロ子「平日は疲れて帰ってくるからしょうがないけど、土日は時間あるやん？」

ボヤ彦「そうやな」

ヒロ子「やっぱり、さっきあなたが言ってたとおり、両親がしっかり面倒みなアカンからね、子育ては」

ボヤ彦「そうや、その通りや……」

ヒロ子「パパといる時間が増えると、ナクオも幸せちゃうかな」

ボヤ彦「うん」

ヒロ子「どう思う？　週末子育て？」

ボヤ彦「うん、わかった。週末は俺が世話するわ」

CASE 5

相手を論理的に説得する質問法

1 結論を論理的に導き出す価値観を見つける

結論「夫にも子育てを手伝ってほしい」

↓

価値観「夫婦協力して子育てをすべき」

2 価値観に同意する質問をする

「子どもを立派な大人に育てるのは誰の責任？」

「それは両親だよね」← 縛り

3 共通の価値観から自然に結論に導く

「あなたは、父親として、
どういう子育ての役割分担をしてくれる？」

CASE 6

不平・不満ばかりを口にする弟

キツ美の弟・シミ助は「お金がない」が口癖。少し頼りない物腰が災いしてか、就職活動もうまくいかず、やっと見つけた仕事も薄給だという。嘆いてばかりいる弟に、なんとか元気を出してもらいたい。

夢がかなわない質問

キツ美　「どうしたの？　せっかく姉が婚約者を紹介するって言ってるのに」

シミ助　「姉ちゃんはいいよな、仕事は順調で、しかも結婚かあ。俺なんかお金ないから、デートもまともにできないや」

キツ美　「そうなの？」

シミ助　「彼女から『いっつも家デートね』って言われちゃったよ」

キツ美　「グチ江ちゃんだっけ？　いい子だって言ってたじゃない」

シミ助　「最近は文句ばっかりだよ」

キツ美　「アンタだってそうじゃない」

シミ助　「……」

キツ美 「ああ、イライラする。アンタがそんなしみったれた顔してるから、彼女もますます文句を言いたくなるんじゃないの？」

シミ助 「なんだよ。姉ちゃん、あいつの味方かよ」

キツ美 「アンタ、文句ばっか言って努力してないんじゃないの？」

シミ助 「どう努力しろって言うんだよ！　職場は給料安いし、しかも、働き方改革だかなんだかで、最近は残業もさせてもらえないんだぞ」

キツ美 「じゃあ、転職とか考えればいいでしょ！」

シミ助 「簡単に言うなよ！」

キツ美 「とにかく、何も手を打たないで文句ばっかり言ってるのがダメなのよ、アンタは」

シミ助 「だから、どういう手を打てばいいんだよ！」

キツ美 「そんなこと自分で考えなさいよ！」

✕ NGポイント 態度や姿勢を批判しても、相手は変わらない

不満ばかり言っているシミ助くんに苛立つキツ美さん。なんとか明るい気持ちになってもらいたい、と思う気持ちとは裏腹に、言葉はどんどんキツさを増していきます。「文句ばかり言っても何も解決しない。努力すればなんとかなる。もっと努力しなさい」という趣旨のことを言っています。たしかに、これは正論。その通りでしょう。しかし、正論をそのまま伝えても、「そんなことはわかってる」「努力してもできないこともある」など、相手は変わる努力すらしないことが多いでしょう。態度や姿勢を批判するだけでは、相手は変わらないということを前提とすべきです。

シミ助さんにとっても、ここは辛い場面でしょう。閉塞した状況を嘆くと「しみったれている」と言われ、「努力が足りない」と責められるのですから、いたたまれない気持ちになっても無理はありません。

「お金がない」という悩みに対して、「お金を増やす努力をせよ」と言っているのも問題

です。問題は、「お金がない」ことでしょうか。キツ美さんの本来の目的は、シミ助くんのお金を増やすことではなく、シミ助くんに元気になってもらうことです。ならば、「転職すれば」というアドバイスは目的にかなっていない上、シミ助くんにとっては少々ハードルが高すぎると言えるでしょう。

解決策　一緒にアイデアを考え、相手の発想を広げよう

本当に相手の幸せを願うなら、必要なのは相手の態度を責めることではなく、問題を解決する具体的アイデアを、一緒に考えることです。それにはまず、「相手が何に困っているのか」をしっかり把握しなくてはなりません。

シミ助くんが当面困っているのは、「お金がなくてデートができないこと」及び「それを彼女が不満に思っていること」です。では、「お金があればデートができる」→「お金を増やそう」ということで解決するのでしょうか。また、「お金があれば彼女の不満がなくなる」というのでしょうか。そうではないはずです。当面困っていることというのは、問題の表面です。問題点は、「シミ助くんが彼女とうまくいっていない」ということで

す。それを、シミ助くんは、短絡的に「お金」のせいだと決めつけてしまっているのです。

では、その解決方法は何か。「お金を増やす」ことは現状では難しそうです。「お金を増やす」一途を捨て、「お金がないことを前提として解決できないか?」と思考することが必要となります。たとえば、「お金をかけず、楽しいデートをする」方法が考えられるでしょう。「お金があれば幸せになる」など、ある条件が整えば幸せになれる、というような条件思考は環境依存型の思考です。そのような思考では、常に環境に振り回されることになります。ある程度お金が入ってきても、「もっとお金がたくさんないと幸せになれない」とか、「いくらお金があっても身体が弱いから幸せになれない」とか言い出すことでしょう。自立型の思考は「今のままでも幸せになれる。お金があったら、もっと幸せになれるかもしれない」というものです。

自立型の思考に導くには、質問の強制力により、「お金がないこと」を前提としてしまい、「お金がなくても楽しめる方法は何か?」という方向へ相手を導く質問が必要です。

加えて、シミ助くんの彼女がどんなことを楽しいと感じる女性なのかも視野に入れましょう。これまでどんなデートが好評だったか、どんなときに喜んでくれたか、などを思い出させ、その中で、お金がなくても楽しめる方法を見つけ出していきましょう。

仕事でも同じですね。「予算がつかないからダメだ」という場合、「予算をつけるにはどうしたらいいか？」を考えるのは当然ですが、他方で「予算がつかなくても実現できる方法はないか？」という質問をし、考え抜くことが壁を突破するひとつの方法といえるでしょう。

夢をかなえる質問

キツ美「どうしたの、浮かない顔して」

シミ助「姉ちゃんはいいよな、仕事もプライベートも順調で。俺なんか金ないから、デートもまともにできないや」

キツ美「そうなの？」

シミ助「『いっつも家デートね』って彼女も不満ばっかりだよ」

キツ美「シミ助はどうなの？　もっと楽しいデートにしたいの？」

シミ助「そりゃそうさ。俺だって楽しいほうがいいし、彼女に喜んでもらいたいよ」

キツ美「そうか。じゃあ一緒に考えない？　楽しいデートをする方法を」

シミ助「だから、そのお金がないんだってば」

キツ美「楽しいデートって、お金がないとできないものかな？」

シミ助「そりゃそうだよ。いいお店にも行けないし、遊園地にも連れてってやれないし」

キツ美「いいお店や遊園地に行きたいって、彼女は言ってるの？」

シミ助「そうは言わないけど、前にディズニーシーに行ったとき、すごく楽しそうだった。でも、何度も行けるほどの金はないんだよ」

キツ美「……それ、彼女は本当にディズニーシーが楽しかったのかな？」

シミ助「えっ、どういうこと？」

キツ美「ディズニーシーで、何が一番楽しそうだった？」

シミ助「そういえば、着ぐるみを見るたびにはしゃいでた。彼女、キャラクターが大好きだから」

キツ美「だったら、かわいいキャラクターがいれば、ディズニーシーでなくてもいいんじゃないの？　たしか、ゆるキャラのイベントなら、入場無料のところもあったわよ」

シミ助「そういえば、あいつ、ゆるキャラもけっこう好きかも」

キツ美「他にもない？　彼女の喜びそうなこと」

シミ助「旅行に行きたいって言ってたけど、やっぱりお金が……」

キツ美「旅行するとき、何が一番楽しそう？」

シミ助「電車で移動しているときかな。俺と一緒に景色を見るのが楽しいんだって」

キツ美「あら、おアツいこと。いい宿に泊まりたいわけじゃないなら、日帰りでもいいわけよね？」

シミ助「え～っ？」

キツ美「電車代くらいはあるでしょ？」

シミ助「……そうか。とにかく、考えれば手はあるってことか」

キツ美「お金をかけなくても、二人の想い出づくりはできるってことよ」

シミ助　「だってあいつ、『家ばっかりでつまんない』って言うからさ」

キツ美　「それ、もしかしたら家の中でアンタがため息ばかりついてるからかも」

シミ助　「！」

キツ美　「彼女はきっと、アンタの明るい顔が見たいのよ。私もそうだもの」

シミ助　「姉ちゃん……ありがとう！」

CASE 6

環境依存型思考

「残業さえなければ英会話学校に通って
英会話ができるようになる」

↓

残業がなくなる

↓

「時間があっても、お金がなくちゃ
英会話はムリ。お金さえあれば……」

環境に依存する

自立型思考

「限られた時間の中で、
どうやって勉強すれば
英語を身につけられるだろうか？」

※今の環境下で、自分にできることに集中する

第2章

友人に質問してみよう

CASE 7

なぜか会話が盛り上がらない友人

ダラ子は最近、近所に越してきたヒロ子と知り合った。ヒロ子の関西人キャラは新鮮で、ダラ子はもっと親しくなりたいのだが、ときどき会話が続かなくなることがある。今日もヒロ子と一緒にスーパーに行ったが、なぜかヒロ子は浮かない表情。

夢がかなわない質問

ダラ子 「こんにちは。ヒロ子さんもスーパーでお買い物？」

ヒロ子 「うん。一緒に行こ。この通り、子どもを連れてると、どこに行くのも大変やわ。ダラ子ちゃんはお盆休み、どこか行った？」

ダラ子 「行ったよ〜、沖縄！　それがさあ、台風が来ちゃって。ぜんぜんホテルから出られないの。海にも行けないし、ドライブもできないし、がっかりしちゃった〜」

ヒロ子 「それは大変やったね。そうや、ダラ子ちゃん『日曜ドラマ』見てる？」

ダラ子 「それが見てないの！　うちの人が、あの時間はニュースを見るから、録画するしかないんだけど、予約録画って難しくて失敗ばっかり。私、機械に弱いの〜。電子レンジもね、こないだお肉の解凍しようとしたらトレーが溶けちゃって〜」

ヒロ子 「オーブンのボタンを押したんやね……。それにしても、最近暑くて寝苦しいけど、寝られる？」

ダラ子「私ねえ、夜はいつも熟睡できるの。っていうか、8時間以上寝ないとダメなの〜」

ヒロ子「ええなあ、うちは大変よ」

ダラ子「本当は私、10時間くらい寝たいの〜。でもうちの人が、いくらなんでもそれはダメだろって。ひどくな〜い？　あっ、ねえねえ。今度一緒にランチしようよ。子ども連れでも行けるオシャレな店、見つけたの〜」

ヒロ子「ああ……うん……考えとくわ……」

NGポイント

「話したいことがあるからする質問」を見逃すな

この会話では、常にヒロ子さんのほうから、話題を提供しています。「お盆休み、どこか行った？」「『日曜ドラマ』見てる？」「最近、寝苦しくない？」と、いずれもヒロ子さんの質問から会話が始まっています。

このときヒロ子さんは、ダラ子さんの状況を聞きたいというよりも、「自分がそのことについて話したい」と思っています。ヒロ子さんの側が、連休やドラマについて話したいことがあるから、こう質問しているのです。そうであれば、ヒロ子さんに、したい話をさせてあげる、というのが、二人の関係を良好に保つ秘訣ですね。

ところが、ここで問題が発生します。「質問」の持つ強力な力が、それを阻害するのです。どういうことか、ご説明しましょう。人は、質問されると、その質問に答えようとして考えます。「お盆休み、どこか行った？」と聞かれると、ヒロ子さんのことはそっちのけになって、「自分のお盆休み」のことを考えます。そして、その質問に答えようとします。自分のことで頭がいっぱいになってしまうのです。これが「質問」の強制力です。ヒロ子さんが、「お盆休み」の話題を始めたのですから、当然、「あっ、お盆休みのことを話したいんだな」とアンテナを立てなければならないのに、「質問」をされたことで、そのアンテナが吹き飛んでしまったのです。

ダラ子さんにも、その現象が起こりました。なお悪いことに、ダラ子さんはその答えを長々と返したあと、勝手に話題を変えてしまっています。

極めつきは「寝不足」の話題になったとき。子育て真っ最中のヒロ子さんは、夜もよく寝られない、という悩みを聞いてほしかったのだと思われます。ところがダラ子さんは「自分は8時間たっぷり寝ていて、本当は10時間寝たい」などと能天気な返答をします。話したいことを話せないのは、ストレスが溜まります。これでは、ヒロ子さんがランチの誘いに浮かぬ顔をするのも無理はないでしょう。

解決策

回答は早々と切り上げて、聞き役に回る

質問をされたら、その答えと同時に、「なぜこの人はそう聞くのか」「もしかすると、このテーマについて話したいことがあるのでは」と考えることが大事です。

とくに「夏休みどうだった？」「あのドラマ、見てる？」などの質問は、ほぼ100%、このパターンです。

ですから聞かれた側は、その返事はシンプルに切り上げて、「あなたは？」と聞くのが正解です。

「最近、おいしいもの食べた？」→「いや〜ぜんぜん。あなたは？」

「ねえ、俳優の○○くん、好き？」→「ああ、いいよね。あなたは好き？」

というふうに聞き返し、存分に語ってもらえれば、会話は弾みます。

自分の見ていないドラマや映画の話なら、「へえ、面白いんだ？」「誰が出てるの？」と、さまざまな質問で語ってもらうことができます。

ちなみに男性どうしの場合、この手の会話は「自慢話」へと流れる傾向がよく見られます。「君はゴルフやるの？」といった質問を上司や取引先の偉い人から受けたら、ゴルフの腕自慢をしたい可能性を考えましょう。自慢話を聞くのは苦痛かもしれませんが、興味津々で話を聞けば、相手の好感度は大いにアップするでしょう。

ここでのポイントは、「質問ブーメラン」です。相手が何か質問してきたときには、それに答えるのはもちろんですが、同時に「相手は、この話題について自分のことを話したいのかな？」とアンテナを立てること。そして、相手が投げてきた質問を、ブーメランのように「あなたは？」と返し、相手に話してもらうことです。

夢をかなえる質問

ダラ子「こんにちは。ヒロ子さんもスーパーでお買い物？」

ヒロ子「うん。一緒に行こ。この通り、子どもを連れてると、どこに行くのも大変やわ。ダラ子ちゃんはお盆休み、どこか行った？」

ダラ子「うん、沖縄に行ったよ。でも台風とぶつかっちゃって、イマイチだった〜」

ヒロ子「あら〜、それは残念やったねえ」

ダラ子「そうなのよ。ヒロ子さんは？」

ヒロ子「私は帰省。といっても旦那の家ちゃうねんよ、私の実家よ！　めっちゃ羽を伸ばせて最高やったわあ。食事は出てくるし、子どもは親が見ててくれるし」

ダラ子「わ〜、よかったねえ。のんびりできたんだねえ」

ヒロ子「そうなんよ！　高校の友だちに会ってきちゃった。8年ぶりの子もいたんよ」

ダラ子「8年ぶり！　じゃあ、積もる話もいっぱいあったでしょ？」

ヒロ子「それがね。ひと通り近況報告し終わったら、あとはたわいない話ばっかり。『日曜ドラマ』の話とかね」

ダラ子「ああ『日曜ドラマ』ね。あれ話題になってるよね～」

ヒロ子「ダラ子ちゃん、見てる？」

ダラ子「それが、見たいのに見られないの。面白い？」

ヒロ子「めっちゃ面白いよ！　銀行員の話でさ、イヤな奴が主人公を苦しめるねんけど、最後は必ずギャフンといわされんねん」

ダラ子「へえ～！」

ヒロ子「今までの回、DVDに焼いてあるから貸そか？　ちょっとうち寄る？」

ダラ子「ホント～？　遊びに行っていいの？」

ヒロ子「ただ、めっちゃ散らかってるからビックリせんといてね」

ダラ子「おじゃましま～す」

ヒロ子「あ、子どもが眠ったみたい。ベッドに寝かせてくるわ」

ダラ子「ねえ、ぜんぜん散らかってないじゃない。なんで子どもがいるのに、こんなに片づいてるの？」

ヒロ子「イヤやわぁ。どこが片づいてんのん」

ダラ子「うちなんか、郵便物は玄関マットの上に散らばってるし、リビングには靴下とか服とか雑誌とか落ちてるし、洗濯物を2日間干しっぱなしにしてることもあるよ」

ヒロ子「うっそ！　それはアカンわ！」

ダラ子「しーっ。ナクオくん起きちゃう。……でもヒロ子さん、ホント偉いなあ」

ヒロ子「そうなんや｜。私、自分がどれくらいできてるのか、わからんかったの。まだこっちに来てから間もないし、家に呼べる知り合いもいなくて」

ダラ子「じゃあ、来客第一号が保証するけど、ヒロ子さんはデキる嫁だよ」

ヒロ子「ダラ子ちゃん、ありがとう。ホッとしたわー。この子が生まれてから大変で……旦那にもこないだ八つ当たりしちゃって、なのに手伝ってもらったらもらったで申し訳なくて。いつも寝不足やし、ますます気が滅入っててん」

ダラ子「疲れてるんだねー」

ヒロ子「そうなんよ。ごめーん、愚痴っぽくて」

ダラ子「ううん、そんなことない。そうだ、私ときどき手伝いにこよっか？」

ヒロ子「え、いやあ、それは……」

ダラ子「あ、忘れてた。私は町内一のダメ嫁なのでした〜。かえって部屋の中をグチャグチャにしそう」

ヒロ子「フフッ。じゃあ、気持ちだけいただくわ。今日はいろいろ話せて、めっちゃ元気出たわ」

ダラ子「これからも、ときどきおしゃべりしようね」

ヒロ子「うん。もちろん！」

CASE 7

質問ブーメラン

「ゴルフをしますか？」

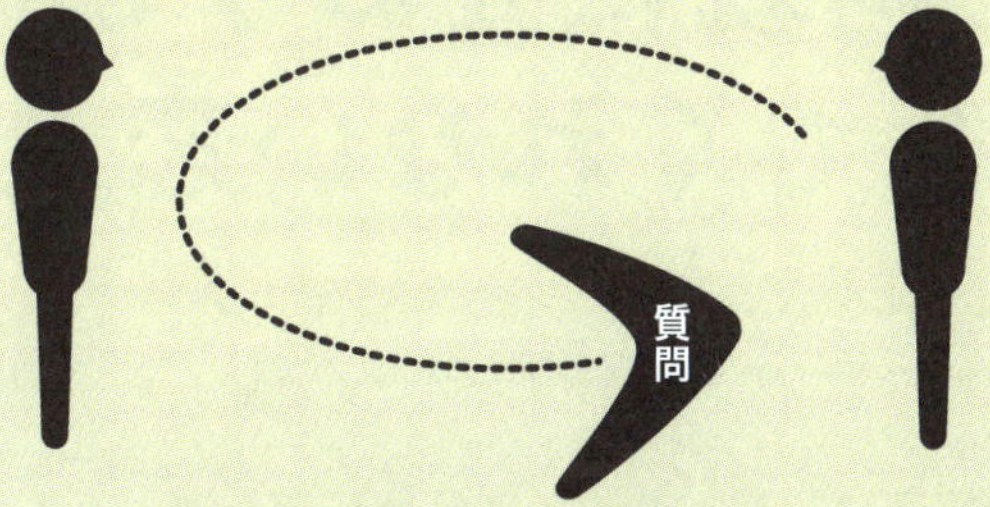

「私はあまりやらないのですが、
○○さんは？」

「好きなラーメン屋はどこですか？」

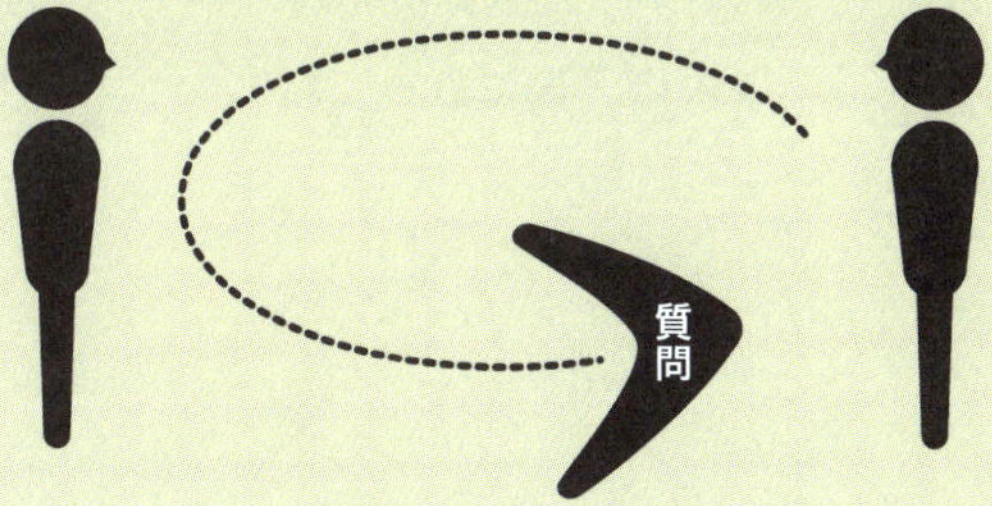

「近所の中華ソバは意外にうまいです。
○○さんは？」

CASE **8**

両親に会おうとしてくれない恋人

キツ美は28歳。交際して２年になる恋人・ノロ太のプロポーズを待っているが、ノロ太はいたってノンキでラチがあかない。業を煮やしたキツ美は、無理やり結婚への流れをつくってしまおうと、ノロ太に「親に会ってほしい」と切り出した。

夢がかなわない質問

キツ美「ねえ、ノロ太さん。相談があるの」

ノロ太「ん～？ 何？」

キツ美「そろそろ、うちの親に会ってくれない？」

ノロ太「ええっ！」

キツ美「何よ、驚きすぎでしょ」

ノロ太「だって急に親って！ 待って。心の準備が……」

キツ美「心の準備くらいしときなさいよ」

ノロ太「え～……。俺、今は仕事で頭がいっぱいでさあ」

キツ美「はいはい、順調なのよね？ 昇進もしたのよね？ その話はもう百回聞いたわ。それなら、次に考えるべきことがあるでしょ」

ノロ太「いやあ、考えてなかった……」

キツ美「で、親に会ってくれるの？　くれないの？」

ノロ太「ちょっと今は無理」

キツ美「なんでよ！　私、もう28だよ」

ノロ太「キツ美、そういうことは気にしてないと思ってた」

キツ美「何よそれ！　あなた、30半ばにもなって、そんなことも気がつかないの？」

ノロ太「そう怒るなよ」

キツ美「女のほうからこれを言うの、けっこう勇気がいるんだよ。なのに……あーもう、イヤになるわ。本当に女の気持ちが……人の気持ちがわかんない人ね！」

ノロ太「そこまで言うことないだろ！　もう、勝手に怒ってろよ！」

NGポイント

YESと言わせたいなら、NOの選択肢を与えてはいけない

相手にものごとを頼みたい、そして、必ず「YES」と言ってもらいたい。そんなときは、「NO」と言える状態をつくってはいけません。

恋人を親に会わせたい、と思っているキツ美さんは「親に会ってくれる？」とストレートに尋ねていますが、このスタート地点で、すでに失敗しています。

「会うか、会わないか」という形の問いは、「会わない」という選択肢を相手に与えてしまいます。「会ってほしい」という要望に、「会う」という選択肢と「会わない」という選択肢のどちらかを選ぶことが可能となっています。

結婚などまったく意識していなかったノンキなノロ太さんは、突然の問いに「待って」と戸惑います。それに苛立ったキツ美さんは、さらに「会うの、会わないの」と問い詰めています。これも、恐れをなした相手に「会わない」と言わせてしまう失策です。

解決策 最初から「会う前提」で選択肢を与える

相手にどうしても「YES」と言ってほしいのであれば、「会う」以外の選択肢をつくらないこと。「会うか、会わないか」を質問してしまうと、「会わない」選択肢が出てきてしまいます。そこで、「会う」ことを前提として、その先の質問をするのです。

「親に会ってほしいが、何日ならOK？」「親に会ってほしいが、店はAとBのどちらがいい？」という問いかけをするのです。

前項でも述べた通り、質問には、「その質問に答えようとさせる」という強制力があります。質問をされると、相手は「それに対する答え」を頭の中で模索します。「何日ならよいのか」と聞かれれば、質問の前提の「親と会う」に異議を唱えるよりも、その日程を考えることに思考が向かざるを得ないのです。

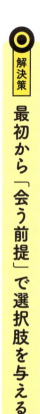

このような質問を繰り返すと、ノロ太さんは「会う」ということに戸惑いを覚えつつも、日程や場所について思考が流され、「会わない」と言える余地を奪われていきます。

この方法は、営業マンが顧客に商品を勧める場面など、ビジネスシーンでも役に立ちます。「発注していただけるなら、色はどちらがお好みですか」「数量はどれくらいあればよいでしょうか」「納期はいつにしますか?」というふうに、「発注しますか?」とは聞かず、「発注する」ことを前提として、内容をどんどん詰めていく手法です。細部まで答えさせられていくうち、顧客は「今さら『発注しない』とは言いづらい」という気持ちになってしまいます。返答すればするほどジワジワと縛られる、相手にとってはなかなか怖い状況ですが、質問者にとっては強力な武器といえるでしょう。

この質問法は、「誘導質問」といいます。「誘導尋問」という言葉は聞いたことがあると思いますが、これは、法律の世界の言葉です。法廷での証人尋問の際に、今説明したように望んだ結論に誘導する質問をすることをいいます。実は、この誘導尋問はあまりに強力すぎて、証人の証言を間違った方向へと誘導してしまい、真実をゆがめてしまう、ということで、法律で禁止されているのです。

裁判で禁止される質問でも、日常生活では禁止されていません。自分の望みをかなえるために、時と場所を考えて、この強力な「誘導質問」を使いこなせるように訓練しておきましょう。ただし、場合によっては相手に不快感を与えてしまうこともあるのでご注意を。

夢をかなえる質問

キツ美「ねえ、ノロ太さん」
ノロ太「ん〜？　何？」
キツ美「来週末か再来週の土日って、あいてる？」
ノロ太「どの日も予定ないけど、何かあるの？」
キツ美「うちの親がノロ太さんに会いたいって言ってるんだけど、来週の土曜日と日曜日なら、どっちがいい？」
ノロ太「ええっ？　ちょっと待って……」
キツ美「どっちもあいてるって言ったでしょ。とりあえず来週の土曜日にしとくね」
ノロ太「でも、そんなに突然言われても……」
キツ美「あ、そうだ！　ノロ太さん、和食とフレンチ、どっちが好き？」

ノロ太「へ？」

キツ美「私たちさぁ、デートもたいてい居酒屋でしょ。ちょっといいお店に行くとしたら、和食とフレンチ、どっちに行きたい？」

ノロ太「どっちかな……フレンチかな」

キツ美「わあ、よかった。さっそく親にメールしておくね。うちの親もフレンチがいいって言ってたの！」

ノロ太「え？　そこまで話が進んでるの？」

キツ美「実家の周辺、オシャレな店なんてないからねえ。二人とも、東京に来るの、すごく楽しみにしてるの」

ノロ太「そうなんだ……」

キツ美「あ、もちろんノロ太さんに会うのも楽しみにしてるよ」

ノロ太「それは嬉しいね」

キツ美「『なんで彼がいること、これまで話してくれなかったの』って怒られた」

ノロ太「へえ……」

キツ美「内心けっこう心配してたみたい、私のこと」

ノロ太「心配？　なんで？」

キツ美「そりゃあ、28の娘が仕事熱心なだけじゃねえ」

ノロ太「そういうものかな」

キツ美「田舎の人だしね」

ノロ太「そうか。俺、今までノンキすぎたな。ごめんね」

キツ美「いいよ、そんなの。……あ、ちょうどお母さんから返信が来たわ。来週土曜日、OKだって！　弟も行きたいって言ってるって！　いいかな？」

ノロ太「もちろん。この際だから弟さんにもご挨拶しておこうか」

CASE 8

誘導質問

※Yes or Noをストレートに質問せず、
Yesを前提とした質問をする

希望「親に会ってほしい」
質問「(親に会うことを前提にして)
来週と再来週どっちにする？」

希望「取引を継続してほしい」
質問「(取引継続を前提にして)
来期の納期についてですが……」

CASE 9

不平・不満ばかりを口にする友人

かつての同僚・クド代と久しぶりに会ったスミコ。今も仕事を続けているスミコに対し、クド代は出産を機に家庭に入った。その生活に対して何かと不満をもらすクド代に、スミコはアドバイスをするが、今ひとつ響いていないようだ。

夢がかなわない質問

スミコ「最近、どう？」

クド代「何もかも、うまくいかないの。今日も気晴らしに外で会いたかったんだけど、どうせなら素敵な店でランチしたいじゃない？　でも、そんなお金はないし」

スミコ「あら、私はおうちに招待してもらえて嬉しいわ。素敵なお宅じゃない！」

クド代「そうかしら。もっとインテリア凝りたかったんだけど、お金がなくて」

スミコ「お金がないって……また働けば？　娘さんのゴロ美ちゃんも、もう高学年になったんでしょ？」

クド代「あの子はダメよ、まだまだ私がいないと」

スミコ「そうなの？」

クド代「ゴロゴロしてばかりで、お手伝いもしてくれないの。だから家のことは結局私一人でやらなきゃいけないの。仕事復帰なんて夢のまた夢よ」

スミコ「旦那さんは協力してくれないの？」

クド代「どうかしら。言えば協力してくれるのかしら。でも、それも面倒だわ」

スミコ「もったいないわよ。あなた、仕事が好きだったじゃない」

クド代「今さら復帰なんて無理無理。10年も離れると、もう仕事のカンも鈍ってるし」

スミコ「不満があるなら、何か行動したら？　それをしないで愚痴ってても……」

クド代「あなたにはわからないのよ。着々とキャリアを積んで、家庭も順風満帆なんだから」

スミコ「決めつけないでよ。私だって苦労してるわ。仕事も家庭も大変なのよ」

クド代「でも、結局はうまくいってるんでしょ。とにかく、お説教はやめてよね」

スミコ「何よ……心配して言ってるのに！」

解説

NGポイント 相手の「現状肯定」心理を見逃すと、話がすれ違う

「CASE6」のシミ助くんと同じく、「お金がない」という不満から始まったこの会話。

しかしクド代さんの心理は、シミ助くんとは大きく違います。

シミ助くんの「お金がない」は、「楽しいデートができない」という不満からくるものでした。裏を返せば、楽しいデートをしたい、という希望がはっきりあったのです。

一方、クド代さんの「お金がない」は、「〜できない」ことの言い訳として使われています。そこにあるのは、「現状肯定」の心理です。

素敵な店に行けない、インテリアにも凝れない、とクド代さんは言いますが、「本当にそれをしたい」という意欲は感じ取れません。むしろ「お金がないから、できなくても仕方がない」というニュアンスで語っています。

「お金がない」と言うことによって、クド代さんは「何かを達成できない今の自分」を肯定し、自尊心を保っているのです。

次いでクド代さんが口にするのは、「社会復帰できない理由」です。

子どもに手がかかるから、夫が家事に協力してくれるかどうかわからないから、仕事のカンが鈍っているから、といろいろな理由を挙げていますが、これまた「社会復帰できない現状」を「仕方ない」と肯定するための口実です。

スミコさんは、その心理を見抜くことができていません。「お金がない」という言葉を単なる不満と捉え、「行動せよ」と働きかけます。それはクド代さんの「現状肯定」に揺さぶりをかけるものであり、彼女の自尊心を脅かすものです。

結果、クド代さんは「説教はやめて」とアドバイスをはねつけ、会話は気まずく停滞してしまっています。

解決策 「現状肯定」から「変化肯定」への視点転換を促そう

クド代さんの「現状肯定思考」を踏まえた上で、スミコさんはどのように対応すべきでしょうか。

スミコさんにしてみれば、「今のままでいいなら、放っておこう」とは思えないでしょう。言い訳を並べ立て、閉塞感のある状況を良しとしているクド代さんに対し、友人として「変わってほしい」という思いのはずです。

そこで、スミコさんが設定すべき目的は、彼女の現状肯定思考を「変化肯定思考」へと転換させることです。

ここでも質問の強制力を使います。普通に会話をしていれば、クド代さんは、「このままでいい」「働かなくていい」という現状肯定思考になってしまいます。そこで、「働く」ことを前提とする質問をすることによって、クド代さんの思考を「働く方向」へ誘導するのです。それには、「達成できない言い訳」ではなく、「達成できる理由」を考えてもらう質問を投げかけることが有効です。

「仕事に復帰するとしたら、何が必要？」

という問いかけによって、発想の転換が促されます。

「できない」に向かう選択肢を与えず、「できる」前提で話を進め、「できるとしたら、どうなるのか？」というイメージにクド代さんの思考を誘導することが大切です。

クド代さんは、達成できない自分を良しとして自尊心を保ってきました。しかし、仕事に復帰するとなったら、どうやって自尊心を保つことになるでしょう。人は常に自尊心を保っていかなければなりません。それは、「達成によって得られる自尊心」でしょう。今回、クド代さんが何らかの行動に向けて意欲を持てば、「達成できない自分を良しとして保たれる自尊心」は、「達成によって得られる自尊心」にシフトすることができるでしょう。

夢をかなえる質問

スミコ「最近、どう？」

クド代「何もかも、うまくいかないの。今日も気晴らしに外で会いたかったんだけど、どうせなら素敵な店でランチしたいじゃない？　でも、そんなお金はないし」

スミコ「あら、私はおうちに招待してもらえて嬉しいわ。素敵なお宅じゃない！」

クド代「そうかしら。もっとインテリア凝りたかったんだけど、お金がなくて」

スミコ「もうちょっとお金に余裕があるといいな、と思う？」

クド代「うーん。そりゃ、ね……」

スミコ「お金に余裕ができるためには、どうしたらいいと思う？」

クド代「そりゃあ、また働けたらいいけど、ブランクが長いから」

スミコ「ブランクねえ……。どうすれば埋められるかしら？」

クド代「ええっ？　なんだか途方もない話ね」

スミコ「バイトから少しずつ始めて、様子を見ながら、徐々に慣れていけば大丈夫だと思うんだけどなあ。あなたなら、きっとね」

クド代「本当に元の仕事に戻れるのかしら？　すっかり業界のことに疎くなってしまって……」

スミコ「じゃあ、業界のことに詳しくなるには、どうしたらいいだろうね」

クド代「うーん……。業界新聞とか雑誌を読み込むとか」

スミコ「それ、いいわね！　私が持ってるバックナンバーを貸すわ」

クド代「ありがとう！　でも、勉強する時間、取れるかしら」

スミコ「忙しいのね。どうすれば時間を確保できそう？」

クド代「家事が多いからなあ。娘も手伝ってくれないし」

スミコ「じゃあ、手伝う気にさせるには？」

クド代「なんだろう……？　ほめればすぐやる気になる子なんだけどね。なにしろ、お調子者だから」

スミコ「それ、すごくいいじゃない。小さなことをさせて、ほめまくって、だんだん用事を増やす作戦よ。本人も自覚が芽生えるし、一石二鳥じゃない」

クド代「でも、いざ働くとなったら、主人がなんて言うかしら」

スミコ「ご主人かぁ。どう言えば、ＯＫしてくれるだろうね？」

クド代「そもそも、そういう話をしたことがないから、わからないなあ」

スミコ「あら、そうなの？」

クド代「もうちょっと家計に余裕があればねえ、っていう話はよくするの。でも節約の方向にばかり話が行って、収入を増やす話はしてなかったわ」

スミコ「じゃあ、働きに出るっていいアイデアね」

クド代「そうか……喜ぶかもしれないわね」

クド代「でも、私なんか雇ってもらえるのかしら。年齢も年齢だし」
スミコ「年齢に関係なく、喜んで採用してくれるのは……」
クド代「知り合いを当たる、とか？」
スミコ「それよ！　昔の仲間で、今は独立して事務所を開いている人もけっこういるわよ。たしかアルバイトを探してる人もいたっけ。名刺を探してみるわ」
クド代「本当？　ありがとう！」
スミコ「まだお仕事を紹介できるって決まったわけじゃないから、期待はしないでね」
クド代「いいのよ。アドバイスをくれただけでも十分よ！」

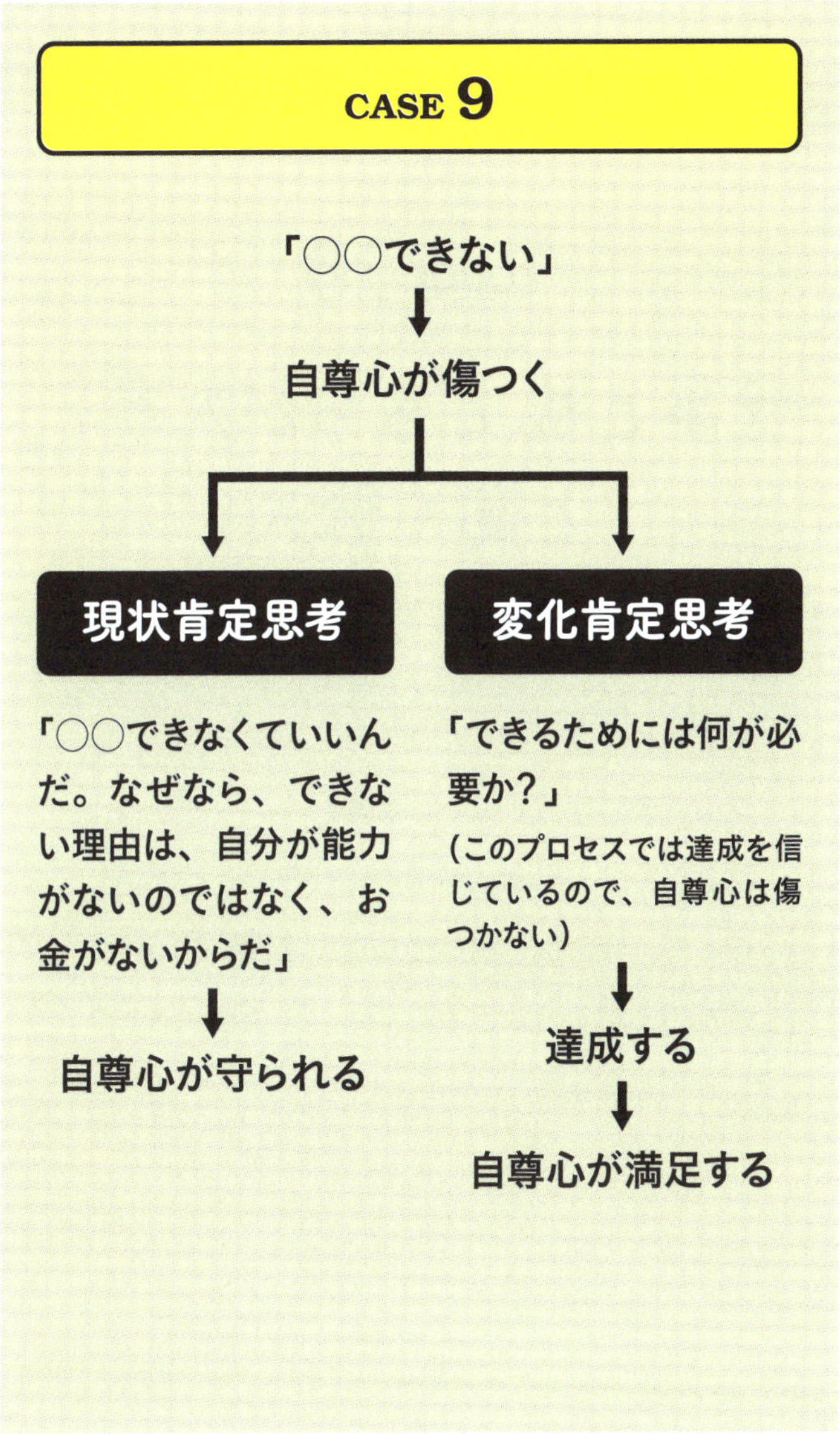
CASE 9
「○○できない」
自尊心が傷つく
現状肯定思考
変化肯定思考
「○○できなくていいんだ。なぜなら、できない理由は、自分が能力がないのではなく、お金がないからだ」
自尊心が守られる
「できるためには何が必要か？」
（このプロセスでは達成を信じているので、自尊心は傷つかない）
達成する
自尊心が満足する

CASE 10

「仕事と私、どちらが大事？」と聞く恋人

シミ助の彼女・グチ江は何かと愚痴っぽい。お互いに愛情はたっぷりあるのだが、シミ助は、彼女がときどき急に不機嫌になることに困惑している。今日も理屈に合わない不満をぶつけてきたので話し合おうとしたが、ますます話がこじれてしまった。

夢がかなわない質問

シミ助「急に深刻な顔して、どうしたの？」
グチ江「シミ助くんは、仕事と私、どっちが大事？」
シミ助「どっちが大事とかいう問題じゃないよ。どっちも必要だよ」
グチ江「そう……。もういいわよ」
シミ助「どうして怒るんだよ？　仕事は生活の支えだから大事。グチ江は彼女だから大事。比較するものではないだろ？　対立するものでもないだろ？」
グチ江「わかった。もういいって」
シミ助「もし俺が『グチ江のほうが大事だ』とか言って、仕事をやめたら困るだろ？」
グチ江「はいはい。わかったわよ」
シミ助「逆に『仕事のほうが大事だ』とか言うのも論外だろ？」

グチ江「はいはい！　もう、わかったから、黙って！」

シミ助「やっぱり怒ってるよね？」

グチ江「怒ってないわよ！」

NGポイント
感情で語る相手に論理で答えてはいけない

「私と仕事、どっちが大事?」これは多くの場合、女性が男性に向かって発する質問です。そして多くの男性が、間違った対応をする質問です。

男性は女性よりも、論理的にものごとを考える傾向を持ちます。シミ助くんも、この問いを投げかけられて、「なんだ、この理屈に合わない質問は?」と戸惑っています。

そして、理屈に基づいて「どちらも大事」と答えたわけですが、それが間違いでした。グチ江さんの質問は論理に基づいたものではありません。論理的な答えを求めているわけでもありません。

彼女が伝えたいのは、「感情」です。表面的に表している感情は怒りや苛立ちですが、その下には、おそらく「仕事に気を取られていて、私のことを大事にしてくれない」という寂しさがあります。シミ助くんは、それに気づかなければいけません。

ところがシミ助くんは、「質問の設定のおかしさ」を説明して納得を促す、という対応に出てしまいました。そして、「納得したはずなのに機嫌が悪いのはなぜか」とさらに問

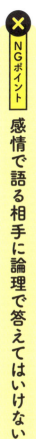

いかけるに至って、グチ江さんはついに爆発してしまいます。

「感情」と「論理」は、まったく次元の異なる世界です。感情で話す相手に論理は通用しません。バカにされたと思って、「お前、俺をなめてるのか！」と怒りを爆発させた相手に、「なめるとは、舌でなめることですか？　私はあなたのことを一度も舌でなめたことなどありませんよ」などと言ったら、相手の怒りが増幅するのは明らかです。

解決策　感情をくみ取り、共感の言葉で問いかける

相手が「感情語」で話してきたと感じたときは、まずは、相手の質問に論理的に答えてはいけません。質問の強制力により、どうしても、質問に答えたくなりますが、ぐっと我慢しましょう。答えるよりも、どうしてそれを聞くのか、を考えましょう。

何度か述べた通り、人は質問されると、その答えを頭の中で探してしまうものですが、理屈に合わない質問をされた場合は――とくに男女の会話の場面では――質問の内容ではなく、その奥にある感情を探ることが大切です。

ただし、「なんでそんなこと聞くの？」とダイレクトに聞くのはおすすめしません。グ

チ江さんのような女性は「はっきり言わずとも察してほしい」と思っている可能性が大。理由を問うと「そんなこともわからないの」と怒り出す危険もあるので注意が必要です。

最初は、どうとも答えられる「無色透明な質問」を返すこと。「どうしたの、いったい？」などが無難です。または、「どうしたの、何か悩んでるの？」など、相手の気持ちに寄り添おうとする姿勢を示すのもよいでしょう。

相手がそれに対してポツリポツリと答えてきたら、「そうか、寂しかったんだね」「辛かったんだね」と、共感の言葉を投げかけましょう。

そして最後は「寂しい思いをさせて、ごめんね」と言えば万全です。

私は弁護士として、紛争の当事者の一方を代理して、相手と交渉することが多いです。紛争ですから、双方とも感情的になっていることが多々あります。相手が感情的になって怒っているとき、こちらが冷静に淡々と論理的に話しても、交渉はまとまりません。やはり、感情的になっているときは、感情を吐き出さないと冷静になれないものです。そして、冷静になれないと、論理的に考えることができませんし、損得勘定もできず、生産的な交渉を行うことができません。弁護士の仕事としても、相手が感情語で話しているときは、「感情から理性へ」という順番で交渉しなければならないのです。

なお、この方法は、企業のクレーム対応にも効果的に活用できます。

クレームを入れる顧客の中には、怒りに任せて感情的な言葉を投げつける人が少なくありません。ここでも、その感情をくみ取って「大変ご不便をおかけして申し訳ありません」「お困りのことと思います」と共感し、相手の感情をすべて吐き出してもらう聞き方が大事です。「その機能は、そういうご使用法に適したものではなく……」といった「正しい」ことを伝えるのは、相手の感情の嵐が去ったあとにしましょう。

夢をかなえる質問

シミ助「急に深刻な顔して、どうしたの？」

グチ江「シミ助くんは、仕事と私、どっちが大事？」

シミ助「どうしたんだよ。何か辛いことでもあるの？」

グチ江「……」

シミ助「俺、何か辛い思いさせた？」

グチ江「シミ助くん、最近仕事のことばっかり考えてるでしょ」

シミ助「うん。少し悩んでるよ。なかなか慣れないし」

グチ江「私のことは？　ちゃんと考えてくれてる？」

シミ助「もちろん、当たり前だよ。考えてないと思った？」

グチ江「私、髪をちょっと切ったの。気づいてた？」

シミ助「えっ。も、もちろん気づいてたよ」

グチ江「ダウト」

シミ助「本当だってば。でも、何もコメントがないと張り合いがないよな」

グチ江「うん……寂しい」

シミ助「悪かった。その髪型、かわいいと思ってたよ。これからは、ちゃんと言葉にして言うよ」

シミ助「他にも、寂しい思いをさせたことあった？」

グチ江「あった」

シミ助「えっ、何？　教えて」

グチ江「土曜日にあった、お姉さんの婚約者のお披露目会に、シミ助くんも一緒について行っちゃったでしょ」

シミ助「うん」

グチ江「翌日は私が休日出勤だったから、土日とも会えなくて……」
シミ助「ごめん。寂しかったよな」
グチ江「うん」
シミ助「でも、俺はグチ江のこと、すごく大事に思ってるから」
グチ江「本当？」
シミ助「わからない？」
グチ江「わかんないよ〜。言ってくれないと」
シミ助「なんて言えばいいの？」
グチ江「『愛してる』とか『お前がすべてだ』とか」
シミ助「……！」
グチ江「冗談よ。でも、なんか、言ったら気が楽になった」
シミ助「そうか、スッキリしたならよかったよ」
グチ江「ごめん。グチグチ言いすぎたね」
シミ助「いや、俺も気がつかない男でごめんね」

CASE 10

感情的な質問への対処法

1. 論理的に答えない
2. 感情を探る「無色透明な質問をする」
3. 共感して感情を鎮める
4. ここで初めて質問に答える

CASE 11

建設的な議論ができない知人

人を自宅に招待して議論や雑談をするのが好きな元教師・キクヨのもとへ、出版社に勤めているというスミコが訪ねてきた。スミコの話は興味深く、キクヨも読者の立場からアイデアを出してみたが、スミコは「素人意見だ」と思うのか、まったく取り合ってくれない。

夢がかなわない質問

キクヨ「やっとお会いできて嬉しいわ。タカエさんご自慢の娘さんに」

スミコ「自慢だなんて、とんでもない」

キクヨ「なんでも今度、編集長になられたんですって？」

スミコ「いえいえ、名前ばかりで。先月書籍部に異動したんですけど、長く雑誌を作っていたもので、どうも勝手が違って、新米も同然です」

キクヨ「どんなご本を作られてるの？」

スミコ「ハウツー本といいますか、生活全般で役に立つものなら何でも。でも、ヒットしそうな企画がなかなか出なくて困っています」

キクヨ「役に立つ本ねえ。たとえば……『雑談術』なんてどうかしら？　私の元生徒たちも、会話上手になりたいと言ってる人が多いんですよ」

スミコ　「雑談術ですか……。たしかに一時、流行りましたね」
キクヨ　「そうなの？　それって、今は流行らないということ？」
スミコ　「うーん……」
キクヨ　「古いかしら？　今でもそんなに古くないテーマだと思うけど」
スミコ　「作り手は、もう『出し尽くした感』を感じていまして……」
キクヨ　「プロの目から見ると、そうかもしれないけれど」
スミコ　「もう売れない、というのが大半の意見だと思います」
キクヨ　「決めつけることもないと思うんだけど」
スミコ　「そうですか？」
キクヨ　「早々に却下するのはもったいないわ」
スミコ　「はあ……」
キクヨ　「なぜなら……ああ、うまく言えないわ！　とにかくもったいないわ！」

NGポイント　否定し合うだけでは、議論は深まらない

「雑談術というテーマは古い」と言うスミコさんに対し、なんとか反論したいキクヨさん。

しかし「古くないと思うんだけど」「決めつけることもないと思うんだけど」と、スミコさんの見解を否定するだけでは、何も変わりません。

一方、スミコさんも出だしからキクヨさんの意見を聞く姿勢を見せていません。年長の相手に対する礼儀は保ちつつも、やはり一貫して「否定」の態度を取っています。

このような否定の応酬は、「どちらが折れるか」という構図を作ってしまいます。そうなると、「議論」としては決して実りあるものにはならないでしょう。

議論の目的は、一方が他方に勝つことではなく、「より良い結論にたどり着く」ことにあります。したがって、反論も「相手を言い負かす」ためのものではなく「相手に別の視点を提供し、一緒にそれを検討する」ことを目的としなくてはなりません。議論をしていると、往々にして、自尊心を守るために、「相手に勝ちたい」「議論で負けると悔しい」と

いう気持ちから、相手をなんとかして論破しようとし、また、相手のほうが正しいと思っても自説に固執しがちになってしまいます。しかし、それでは、とうてい「より良い結論」に到達することはできません。

キクヨさんも、目の前にいる友人の娘さんを言い負かしたいわけではないでしょう。むしろ役に立ちたいと思っているのですから、ここは否定ではなく、建設的な議論へと舵を切るのが得策です。

解決策　相手の発言の論理構造の隙をチェックしよう

議論は、自分の主張とその理由を提示すると同時に、相手の主張とその理由の隙をついていくプロセスです。そして、より論理的で説得的な主張と理由を提示できたほうが最終的な結論となります。どちらかの結論ではなく、第三、第四の結論になることもあります。

相手の主張と流れに隙がないかどうかをチェックするには、質問をすることです。

まず、スミコさんが「雑談術というテーマは古い」と考えている点。それは、本当にそうなのでしょうか。その疑いを起点に、キクヨさんはスミコさんに「古いと判断する理由は何か」「どのような判断基準でそう考えているのか」と質問していくことができます。

その答えを聞いた結果、「たしかに、スミコさんの言う通りだ」と思ったとしても、まだ議論の余地はあります。

スミコさんの、「古いものは売れない」という見解。これも「本当にそうなのか」と検証する価値があります。ここでは、別の例を引き出して、「古いテーマにもかかわらず売れたもの」を指摘する、といった方法を取ることができるでしょう。

なお、この議論が最終的に「雑談術は古いし、売れない」という結論に落ち着いても、キクヨさんは嘆く必要はありません。二人で検証した末に、双方が納得したのなら、それがより良い結論なのです。議論をするときは、常に、議論の目的が「より良い結論」に到達することである、ということを忘れてはいけません。

夢をかなえる質問

キクヨ「書籍の編集なんて、素敵なお仕事ね」

スミコ「いえいえ。生活全般の、読みやすく役に立つ本を作っているのですが、ヒットしそうな企画がなかなか出なくて」

キクヨ「『雑談術』なんて、どうかしら？」

スミコ「『雑談術』ですか。……ちょっと出し尽くした感がありますね」

キクヨ「古いかしら？」

スミコ「ええ……これから出しても、ヒットにはつながらないと思います」

キクヨ「『雑談術』、本当に古いかしら？　プロの方々が、『古い』って言う判断基準って何かしら、興味あるわあ」

スミコ「そうですね、そのテーマの本がたくさん出ている時期が『旬』だとすると、それに比べて今はどうだろう？　という考え方ですね。雑談本の場合、どの出版社もこぞって出していたのは、3年くらい前のことなんですよ」

キクヨ「なるほど、今は3年前に比べて下火なのね」

スミコ「そうなんです」

キクヨ「その基準でいうと、たしかに古いってことになるわね。でも、だからといって、ヒットしないとは限らないんじゃない？」

スミコ「え……」

キクヨ「古いものは、売れないもの？」

スミコ「ああ、それは考えませんでした。今流行っているもの、これから流行りそうなものばかり考えていたものですから」

キクヨ「うんうん、最前線で働いている方はそうよね。でも、ものは考えようよ。ほら、今大ヒット中の『相談される力』だけど」

スミコ「ヒットしてますねえ。うらやましい限りです」

キクヨ「いつごろだったかしら……前も『傾聴力』みたいな本がたくさん出た時期があったわよね？　本屋さんで何冊も、似たような本が平積みになっているのを見たわ」

スミコ「ええ、あれはたしか5年前ですね」

キクヨ「『傾聴力』と『相談される力』、ほぼ同じテーマよね」

スミコ「どちらも人の悩みを聞くことがテーマですね」

キクヨ「で、『傾聴力』の流行が5年前なら、さっきのスミコさんの判断基準に照らし合わせると……」

スミコ「古いことになりますね。古いけれど、『相談される力』はヒットしましたね！」

キクヨ「そうでしょう？　古いと売れない、とは限らないわよ」

スミコ「本当ですね」

キクヨ　「『相談される力』は、流行りが去ったあとなのに、どうして売れたのかしらね」

スミコ　「なぜでしょう。切り口を変えたからでしょうか……」

キクヨ　「切り口が新しいことが、売れた理由だと思う？」

スミコ　「実はそうは思えなくて。私も読んだのですが、書いてあることは過去の本とさほど変わりませんでした」

キクヨ　「そう……じゃあ、何が要因かしら」

スミコ　「思うに、表紙が非常にインパクトの強いデザインでしたね」

キクヨ　「実は、理由はそこかもね。あと、タイトルも『傾聴力』より親しみやすいし」

スミコ　「そうか……新しさだけにこだわらなくても、ヒットの要因は他にもありますね！」

キクヨ　「あら、なんだか私、お役に立てたみたい？」

スミコ　「ええ、すごく！　異動して以来、プレッシャーでつい考えが凝り固まりがちだったんですが、キクヨさんのおかげで視野が広がりました」

キクヨ「まあ、嬉しい！　素人の意見もたまには役に立つことがあるのね」

スミコ「『雑談術』、検討させていただきますね」

キクヨ「新しい部署でのご活躍、応援してるわ！」

CASE 11

議論では、相手の論理に
隙がないか、質問でチェックする。

「社員のやる気がないようだ。
やる気を出させるため給料を上げよう」
「社員のやる気は
本当にないのか？」
「やる気がない原因は何か？」
「給料を上げれば
やる気は出るのか？」
「他の方法でやる気を出させる
方法はないのか？」

よりよい結論へ、Go！

第3章

仕事関係の人に質問してみよう

CASE 12

なぜか
自分を避ける同僚

ノロ太は最近、会社の同僚・ボヤ彦の態度が気になっている。部署は違えど親しい間柄で、以前は一緒にランチや飲みに行くこともしばしばだったのに、なぜか最近はよそよそしく、話すことも用件のみ。なんとか関係を修復したいのだが、なにしろ原因がわからない。

夢がかなわない質問

ノロ太　「ボヤさん、おはよう！」

ボヤ彦　「あ……おはよう」

ノロ太　「今日は冷えるね」

ボヤ彦　「そやなあ」

ノロ太　「最近、なかなか一緒にランチに行けないね」

ボヤ彦　「そやな。時間が合わへんしな」

ノロ太　「ぜんぜん飲みにも行ってないし」

ボヤ彦　「ここんとこ残業が多いからな。君もやろ」

ノロ太　「昇進してから忙しくて。でも今晩は時間があるから、一杯どう？」

ボヤ彦　「こっちがアカン。残業やから」

ノロ太「そうなんだ……。俺、ボヤさんに何か悪いことしたかな？」

ボヤ彦「いや、別に」

ノロ太「最近、俺のことを避けてない？」

ボヤ彦「いいや」

ノロ太「でも、何か怒ってるよね？」

ボヤ彦「いや、別に」

ノロ太「何かあるんだったら……」

ボヤ彦「だから、ないって言うてるやん！」

ノロ太「！　ご、ごめん……」

解説

✕ NGポイント 「相手の真意」にズバリ迫ると、相手は答えづらいことがある

ボヤ彦さんに避けられているかも、と不安なノロ太さん。しかし、ダイレクトに「避けてる？」と聞いたのは失敗でした。

たしかに、ボヤ彦さんはあまり積極的に会話をせず、ノロ太さんに対してわだかまりのある様子がうかがえます。しかしボヤ彦さんにしてみれば、その思いをわざわざ口に出したくはない気持ちもわかります。面と向かって「私は君に怒っている、なぜなら……」と言うと、相手を傷つけたりイヤな気分にさせたりしてしまう恐れがあるので、直接言わずに距離を置く、というのはよくあることだと思います。

加えてボヤ彦さんの中には、どんな理由があるにせよ、「これまで親しかった相手を避けている」ことに対するうしろめたさもあるはずです。「避けてる？」と露骨に問われるのは、その負い目を刺激されることでもあるのです。

そこでボヤ彦さんは、曖昧にノロ太さんの問いをはぐらかそうとします。しかしノロ太さんは引き下がらず、ダイレクトな問いを繰り返しました。結果、強い口調で会話を断ち

切られてしまったのです。

つまり、聞きたいことがある場合に、ストレートに質問すると、相手から有益な情報を得られないことがある、ということです。相手が答えにくい質問をしてしまったことが、今回の失敗です。

解決策

「自分の問題」として相談する形の質問を

では、相手に居心地の悪さを感じさせず、真意を引き出すにはどうすればよいでしょうか。相手が真意を話したとしても、「あなたを傷つけることはないだろう」「あなたを避けているとは思われないだろう」と考えられるような質問をすることです。それは、どういう質問か、というと、「お互いの人間関係とは無関係の切り口で質問する」ことです。

たとえば、あくまでノロ太さんが、自分の性格改善のことで悩んでいることにし、「自分の性格を改めたいんだけど」と、自分の問題として相談する方法があります。「何か改善点、あると思う？」とアドバイスを求めれば、それは、「ノロ太さんとボヤ彦さんとの関係」ではなく、「ノロ太さんの性格改善」についての話題になるためです。

とはいえこの方式でも、ボヤ彦さんは露骨な言い方を避けるはずです。ですからノロ太さんは、言葉の端々に注意し、サインを読み取らなくてはなりません。相手の言葉の反対解釈をするのです。たとえば「昇進しても態度がずっと同じ人って、信頼できるよね」と一般論で答えてきたら、その反対は、「昇進したら態度が変わる人」ということになるので、「自分が昇進してから、態度が変わったと感じているのだろうか?」という推測が成り立ちます。

こうして、何が相手を怒らせたのかが理解できたら、次はボヤ彦さんとの人間関係の修復にかかることになります。そのための情報収集をしなければなりませんので、ここでも質問です。「これからどうすべきか」を質問しましょう。

このとき相手が答えやすいのは、「あなたならどうするか」「他のみんなはどうしているだろうか」といった質問です。「僕の場合は……」「みんながよく取っている方法は……」といった答えの中にある、自分との相違点に着目しましょう。それが、相手が自分を批判的に見ているポイントだからです。「自分はそうできていなかったのだ」と理解できれば、具体的な改善点が見つかるでしょう。

質問をして相手から情報を引き出そうとするときには、「相手が答えやすい」質問をするのがポイントです。「相手が答えにくい」質問をしてしまうと、真意を答えてくれないことがあります。たとえば、取引先をライバル会社に奪われたとき、その取引先に対して、「弊社のどこが悪かったのですか？」とずばり聞いても答えてくれないことも多いと思います。それよりも「どうすれば、お取引を継続できたでしょうか？」「××社にお決めになったポイントはどこだったのでしょうか？　今後のために教えてください」など、前向きな質問に変換すると、相手も答えやすくなります。

相手の立場に立った質問が、ここでのポイントとなります。

夢をかなえる質問

ノロ太「ボヤさん、ちょっと相談があるんだけど」

ボヤ彦「どうしたん、あらたまって」

ノロ太「最近、知らないうちに人を怒らせてることがあるみたいなんだ」

ボヤ彦「そうなんや……」

ノロ太「どうしたらいいのか、教えてもらえると嬉しいんだけど」

ボヤ彦「いつごろから、そんなふうに思ってたん」

ノロ太「2カ月前くらいかな」

ボヤ彦「次長に昇進したころ、か」

ノロ太「そう。抜擢っていうか、突然ポジション上がったから……そういうときって、周りから避けられちゃうものなのかな?」

ボヤ彦「どうやろ？　みんながみんな、そうではないと思うで」

ノロ太「本当に？　立場が変わっても、周りとギクシャクしない人もいるのかな？」

ボヤ彦「昇進した本人の態度が前と同じなら、大丈夫なんちゃう？　自分が『昇進したでー！』みたいなオーラ出さへんかったらいいんちゃう？」

ノロ太「俺、オーラを出してたかなあ」

ボヤ彦「わからんで。あくまでも一般論やで」

ノロ太「……！　そうだ！　そういえば俺、昇進してから、ボヤさんにタメ口きいてますよね？」

ボヤ彦「ま、それはアレや……次長どうしなわけやし……」

ノロ太「でも、俺のほうが年下なのに。あ〜……すみませんでした！」

ボヤ彦「まあまあまあ、たとえばの話や。『イヤやな〜』と思てる人も、もしかしたらいるかもしれへんで、ちゅう話や」

ノロ太「気をつけます。正直、浮かれてたとこあるんですよ」

ボヤ彦「わはは、ホンマ正直やな」

ノロ太「ボヤさんは昇進したとき、どうでしたか？」

ボヤ彦「そら内心、やったーとは思ったけど……それより、同期とかと関係悪くせんように、同じ態度でいようとは思ったかな」

ノロ太「先輩に対しても、そうですよね」

ボヤ彦「まあ、そうやな」

ノロ太「他に、どういうところを直せばいいですかね」

ボヤ彦「なんやろ。あんまり無理せんことちゃう？　柄に合わんことすると、疲れるで」

ノロ太「柄に合わないこと？」

ボヤ彦「君はマイペースで、ガツガツしてへんところが魅力なわけで」

ノロ太「ああ……そうなんですか」

ボヤ彦「そうや。気づいてへんところが君らしいねんけど」

ノロ太「言われてみれば、『次長になったんだから、威厳を持たなきゃ』って思いすぎてました。部下にもどんどんダメ出ししたりして」

ボヤ彦「そうなんか」

ノロ太「重箱の隅をつつくようなこと、言ってたかも」

ボヤ彦「それは、君らしくないわあ」

ノロ太「ありがとうございます。言ってもらって嬉しいです」

ボヤ彦「大げさや〜。大したこと言うてへんって」

ノロ太「いい先輩を持てて幸せです！」

ボヤ彦「今晩、飲もか。次長どうしやから、おごらんけど」

ノロ太「ええ、ぜひ行きましょう！」

CASE 12

答えにくい質問

「私、悪いことした？」

（言っちゃうと傷つきそうだし、
こっちも格好悪いから黙っておこう）

➡「いや、別に」　未解決

答えやすい質問

「どうしたらいいと思う？」

（ちょっとアドバイスしてあげようか）

➡「こうしたほうがいいよ」　解決

反対解釈

「自分はそうできていなかった！」

CASE 13

手ごわい営業マン

商社の経理部長・イシ頭ダシオはERP（統合業務）システムの導入を考えているが、営業マン・ウリ田マメオの巧みな営業トークに押されて、すっかり主導権を握られてしまう。

夢がかなわない質問

ダシオ「ほう、ＥＲＰシステムか」

マメオ「御社ほどの規模になりますと、不可欠なシステムですよね」

ダシオ「うん、そろそろ導入したいと思っていたんだよ」

マメオ「そうですか！　現在お使いのシステムでは、やはりお困りですよね」

ダシオ「各部署が別のシステムを使っているので不便だね。一本化すれば、現場で入力された情報が即経理システムに反映できるんだが」

マメオ「その通りですよね。まさにそのご要望に応えられる商品をお持ちしました。まずこちらの資料をご覧ください」

ダシオ「……なるほど。これは便利だな」

マメオ「各部署のニーズに細かくお応えできますよ。たとえば営業の現場ではどのような場面で使われるのでしょう。どのようなご要望が出ていますか」

ダシオ 「そうだな……たとえば請求書の自動発行機能がほしいという要望は前から来てるね」

マメオ 「もちろん対応できます。売上分析についてはどうでしょう？」

ダシオ 「ああ、たしか、顧客別と商品別ですぐわかるようなものがほしいとか……」

マメオ 「お任せください！　そちらのオプションもつけられます」

ダシオ 「ちょっと待って。オプションをつけたら、どれくらいかかるんだ？」

マメオ 「まずはご要望を一通りお聞きしていいですか。その上でこちらも、ぴったりのプランをお出ししますので」

ダシオ 「そうか……」

マメオ 「請求書発行機能と売上分析機能は、ないとお困りだ、と先ほどおっしゃってましたね？　他にはいかがでしょう。債権管理機能も、なくてお困りではありませんか？」

ダシオ「そ、そうだな……」

マメオ「一応こちらのオプションもつけて、見積もりを出させていただきますね」

ダシオ「あ、ああ……」

✕ NGポイント 情報をすべて開示すると、足元を見られる

この会話で、ダシオさんは質問をする側ではなく、される側に回っています。それがそもそも、危うい状況といえます。その中で、ダシオさんは「相手に情報を与えすぎる」という失敗を犯してしまいました。

第一の失敗は、「買いたい」という意志を最初に見せたこと。これにより、マメオさんに「買う前提」で話を進めさせる道筋を提供してしまっています。続いてマメオさんは「実際使う場面では、どういう機能が必要か」と質問を重ねてきます。これに素直に答えてしまっているのが、ダシオさんの第二の失敗です。

「これが必要だ」という情報を全部見せてしまうと、足元を見られてしまいます。マメオさんは要望の全体像をつかんで、「全体的にこのぐらいの金額にしたいな」と、売る側でだいたいの金額イメージをつくり上げます。その上で、内訳を適宜決めて見積もりを出すことができます。交渉では、相手の情報はあればあるほど有利に進めることができます。したがって、交渉においては、質問を有効に使って、できる限り相手の情報を引

き出そうとするのです。逆に、質問されたほうは、どこまでの情報を出してよいのか、について、考えながら答えていく必要があります。

今回は、マメオさんの質問に対し、それらのいずれも「必要だ」と言ってしまった以上、ダシオさんはあとには引けません。質問には、「答えた人を、その答えに縛りつける」という力があります。質問に対し、「必要ですね」と答えてしまうと、「先ほど必要とおっしゃいましたよね」と追い込まれてしまうのです。これは、人は、自分の発言と矛盾した言動を取りづらいという習性からくるものです。心理学では、一貫性の法則ともいいます。

今回、ダシオさんは、主導権を全面的にマメオさんに渡してしまったため、何にどれくらいかかるのかをつかめないまま、高いシステムを購入せざるを得ない危機に瀕しているわけです。

解決策 「仮にクエスチョン」なら、相手の情報を引き出す側に回れる

この状態に陥るのを防ぐには、最初に「買う」と言わないこと。

「興味はあるが、答えは検討してから決める」という態度を通したほうがいいでしょう。

その上で、「仮にクエスチョン」を相手に投げかけていきましょう。

こちらで主導権を確保するには、こちらが相手の情報を引き出す側に立たなくてはなりません。そのためには、質問する側に回ることです。「質問を制する者が会話を制する」と覚えておきましょう。たとえば、「『仮に』標準パッケージを買うとしたらどれくらい？」「では、『仮に』この機能を追加するとどれくらい？」と聞くと、相手から有益な情報を得ることができます。その返答からだいたいの相場を把握し、こちらの予算とすり合わせながら検討しましょう。

ポイントは、自分の立場やニーズを明らかにしないこと。そして、どんな機能を必要としているかを伝えずに、あくまで仮定の話として、相手から情報を引き出すことです。自分の側から、「××が必要だが、いくらか？」と、立場を明らかにしてしまうと、買うことを前提とした値段交渉になります。しかし、「仮につけるとしたら、いくら？」と質問すれば、自分が買うかどうかは決めていない状態で、値段だけを聞き出すことができます。

失敗した会話例では、ダシオさんはマメオさんに「この機能がないとお困りだ、と先ほどおっしゃってましたね？」と、言質を取られて後戻りできない状況をつくられてしまいましたが、「仮にクエスチョン」を使えば、逆の立場に立てます。こちらが「仮にこうなら、おいくら？」と聞いて「これくらいの金額です」と答えさせてしまえば、相手はその言葉に縛られて、金額を手元で調整することもできなくなります。

ちなみに「仮にクエスチョン」は、プライベートでの高い買い物にも活用できます。たとえば車を買うときに、車を買うことを決めてからオプションの値段交渉をするより、買うとは言わずに「もしナビゲーションシステムをつけたら、どれくらいになる？」というふうに、仮定の話を聞いていき、納得がいくまで「買う」とは言わない。この戦法でいけば、相手の意のままに払わされる心配はありません。

夢をかなえる質問

ダシオ「ほう、ERPシステムか」

マメオ「御社ほどの規模になりますと、不可欠なシステムですよね」

ダシオ「どうだろうねえ。一応視野には入れている、といったところかな」

マメオ「現在お使いのシステムは、各部署で別々ですよね。きっとお困りのことがあると思うんです。いかがでしょう？」

ダシオ「まあ、あるといえばあるし……」

マメオ「ぜひ、そのあたりのお困りの点をおきかせください。現場でも、営業や店舗や倉庫など、それぞれ、いろいろなニーズがおありのことと思いますので」

ダシオ「そうはいってもね。現場によって要望は千差万別だし、僕自身がシステムを操作するわけじゃないからねえ。ウリ田さんのほうが、ウチのような会社には何が必要か、わかるんじゃないですか？　何といっても、その道のプロだからね」

マメオ「はい、まあ、そうですね……」

ダシオ「ウチとだいたい同規模の会社では、どんな機能が必要とされているのかな？」

マメオ「そうですね、標準パッケージはこういう感じでして――」

ダシオ「……なるほど、よくわかったよ。で、仮に、この標準のものを購入するとしたら、どのくらいかかるかな？」

マメオ「だいたい、これくらいです」

ダシオ「そうか。メモしておくよ」

マメオ「ただ、標準パッケージを使っていただくと、みなさん当社のシステムのすばらしさを実感してくださるようで、その後、オプション機能もご用命いただくことが多いですね」

ダシオ「他社さんは他に、どんなオプションをつけてるのかな？」

マメオ「営業の現場のご要望で、請求書の発行機能がついているとありがたい、ということをよくいただきます」

ダシオ「なるほどね。仮にそれをつけると、いくらになる?」

マメオ「……およそ、これくらいになりますが」

ダシオ「そうか。じゃ、売上分析についてはどうだろう?」

マメオ「ああ、御社でも、やはり売上分析機能はニーズが高いですか!」

ダシオ「(質問には答えず)仮に、つけたらどんな感じになるかな?」

マメオ「商品別と顧客別、それぞれでこのような金額です」

ダシオ「ふむ、なるほどね」

マメオ「いかがでしょうか。少々お高いですか?」

ダシオ「現段階では、高いとも安いとも言えないねえ」

マメオ「……そうですか」

ダシオ「あと、債権管理機能ってあるでしょう」

マメオ「はい、ございます」

ダシオ「仮にそれをつけたら、どうなる？」

マメオ「およそ、これくらいになりますか……」

ダシオ「つまり、今の三つを全部つけると、こういう金額になるね。これで間違いないかな？」

マメオ「……はい……。そうなります」

ダシオ「これでは、高すぎると思うんだけど、仮にオプションを全部つけたら、値引きはどの程度してくれるの？」

マメオ「オプションを全部つけていただければ、１割のお値引きができます。ぜひ、ご検討をお願いします！」

ダシオ「へえ……。１割の値引きができるなら、仮に標準版を１割値引きしても、御社も利益は出るよね？」

マメオ「はい……いいえ、それは社に持ち帰らないとわかりませんが……」

ダシオ「じゃあ、その答えを聞いてから、こちらでも検討させていただくよ」

マメオ「ぜひ前向きにご検討をお願いいたします」

ダシオ「また連絡しますよ。ご説明、どうもありがとう！」

CASE 13

仮にクエスチョン

「仮に○○としたら、どうですか？」

メリット

❶自分の立場を表明しない。
（立場を縛られない）

❷相手の情報を得ることができる。

CASE 14

企画を認めてくれない上司

グチ江はインテリア雑誌の新米編集者。がんばって仕事をしているつもりだが、副編集長・イシ頭スミコは、なぜか自分の企画を認めてくれない。今回も、何度も書き直しをさせられていて、グチ江は爆発寸前だ。

夢がかなわない質問

グチ江「企画書を再度、書き直してみました。これでどうでしょうか」

スミコ「んー……」

グチ江「もっとパンチの効いたキーワードを、とのことでしたので、今回はここに……」

スミコ「読み終わるまで黙ってて」

グチ江「……あ、はい。すみません」

スミコ「……うーん。厳しいわね、これじゃ」

グチ江「え？　なぜですか？」

スミコ「印象に残らないのよ」

グチ江「ちゃんと見てくださいましたか!?　パンチの強いキーワード、入れたんですけど！」

スミコ「もしかして、この『アクセントカラーで勝負!』のこと?」
グチ江「あ……はい」
スミコ「『強調色』って意味の単語を書いただけじゃない。それは、読者の印象に強く残るということとは違うわよ」
グチ江「そんなこと言われても……私、わかりません!」
スミコ「なら、考えて。で、夕方、もう一度持ってきて」
グチ江「……でも、どうせまた、ダメだって言うんでしょう?」
スミコ「何を言ってるの?」
グチ江「いったいイシ頭さんは、私の何が気に入らないんですか!?」
スミコ「……ちょっと、落ち着きなさいよ」
グチ江「私のやることは何でもダメなんでしょう!?」
スミコ「ねえ、一時の感情でものを言うと、後悔するわよ」

グチ江「なんで、私だけこんな扱いを受けるんですか！　いじめですか!?」

スミコ「はあ……。もういいわ。企画、出さなくていい。私が自分で考えるから」

NGポイント 「YESと言わない相手」との対立構造になっていないか

グチ江さんから見たスミコさんは「企画にダメを出すイヤな上司」。何度もやり直しをさせ、それでも「YES」と言ってくれない。グチ江さんにはよく理解できないことを言って、どう直せばいいかも教えてくれない。そんなスミコさんのイメージは、グチ江さんの中でどんどん悪いものになっていきます。

そうなると、こちらはさしずめ「かわいそうな被害者」。冷淡で意地悪な上司は、自分のことを嫌っているのだ、これはいじめなのだ、という発想へと傾いていきます。これでは、「被害者」vs「加害者」の対立構造になってしまっています。対立構造になると、相手を倒すことが目的になります。対立構造で合意をするには、どちらかが譲歩をしたり我慢をしたりしなければならなくなり、創造的な解決には至りません。

そして、「私のやることは何でもダメなんでしょう?」と感情を爆発させたグチ江さん。これで彼女は、チャンスを完全に失いました。スミコさんは、セルフコントロールができなくなったグチ江さんに仕事は任せられない、と判断し、「企画は出さなくていい」

と、ため息交じりに宣告しています。

解決策 解釈を変え、相手を「敵」ではなく「仲間」と見なす

グチ江さんは、考え方を百八十度変えることが必要です。相手を「企画を通してくれない敵」ではなく、「一緒に企画を考える仲間」だと考えるマインドが、ここでは必須なのです。

これは言い換えると「目的志向」です。お互いの共通点を見つけるのです。グチ江さんの目的はスミコさんに「勝つこと」ではなく、「良い企画書を書くこと」であるはず。そしてスミコさんも当然「良い企画にしたい」と思っているわけですから、二人は同じ目的を持ち、助け合う仲間なのだと考えましょう。自分の思考のフレームワークを変えるのです。このように相手との関係を捉え直すと、どうなるでしょうか。「良い企画をつくるために協力し合いましょう」という姿勢になります。そして、「改善したいから、ぜひ助けてほしい」という姿勢で、質問を投げかけていきましょう。

ここまでのやりとりでスミコさんとの関係が険悪になっているとしたら、その修復も必

要となってきます。

そこで有効なのは、「昔、あの企画をつくられたときは、どうだったのでしょうか」など、相手の成功実績を例に挙げつつ、成功のヒントを引き出すという方法です。

ただしこのときは、表現に注意が必要です。「あの企画はすごいですね」「すばらしいですね」は避けたほうがよいでしょう。上の立場から評価しているような印象になり、「キャリアの浅いあなたに、何がわかるの」と思われる可能性が高いからです。

ここは「どうやって、あのような企画を思いつかれたんでしょうか」と、驚きを交えた質問形で賞賛を示すのが正解。「自分の理解や想像を超えている」といったニュアンスを出すのがコツです。もしくは「その年一番のヒットだったんですよね」などの客観的事実を言うのも手堅い方法です。

こうして関係に和やかさを取り戻しつつ、良い企画とは何か、それをつくるにはどうすればいいか、日々工夫できることはないか、今、何をすべきか――と、質問を重ねていけば、良い企画はもちろんのこと、堅い信頼関係を築くこともできるでしょう。

夢をかなえる質問

スミコ「うーん、厳しいわね。これじゃ」
グチ江「そうですか……。どのあたりが問題でしょうか」
スミコ「どのあたりというか、全体に印象が薄いのよ。もう一度考えて、夕方また見せて」
グチ江「あの、たとえばどんな企画なら、印象に残るんでしょうか？」
スミコ「それを考えるのが、あなたの役目でしょ？」
グチ江「申し訳ないです。でも私、アイデアの出し方がまだわかってなくて」
スミコ「ああ……そうかもしれないわね」
グチ江「でも『良い企画にしたい』っていう気持ちはすごくあるんです」
スミコ「そうね。私も同じよ」

グチ江「そこでぜひ、その方法のヒントを教えていただきたいんです。たとえば、イシ頭さんが15年前に作られた、別冊の『モダンに楽しむ和骨董』ですけど……」

スミコ「あら！　あれが私の仕事だって、知ってたの」

グチ江「はい！　うちの会社で、その年、一番のヒットになったんですよね？」

スミコ「懐かしいわねえ」

グチ江「あんなアイデア、どうやって考えつかれたんですか？」

スミコ「最初はとにかく、参考になりそうなものを手あたり次第に見たのよ。海外の雑誌を見て、まだ日本にないものを見つけて紹介しよう、と思ってたら、逆に日本らしさを前面に出す企画を考えついちゃった、ってわけ」

グチ江「海外の雑誌ですか……。私、英語を読めないから、無理かなあ」

スミコ「いいえ。見るものは何でもいいのよ。資料庫や図書館や本屋さんでとにかくいろんな情報に触れるの。その中で、何かしらピンときたキーワードをメモするの」

グチ江「ピンときたキーワード……『自分が好きなこと』ってことでしょうか」

スミコ「そうね、最初はそれだけでもいいけど……『まだ世の中にないものは何だろう』という視点も必要ね」

グチ江「自分のやりたいことだけではなくて、世の中のニーズも考えるわけですね」

スミコ「その通りよ。わかってきたじゃない」

グチ江「読む人が『今までにない感じ！』と思ったら、それがインパクトになるわけですか？」

スミコ「そういうことよ！　これまでのあなたの企画書に足りなかったのは、そういう部分だと思うわ」

グチ江「なんだか、見えてきた気がします。ありがとうございます！　とにかく情報を増やすことが大切ですね」

スミコ「ええ。普段読まないジャンルの本を見るのもおすすめよ」

グチ江「業界誌やインテリア関係の本でなくても、役に立つんですか？」

スミコ「これが、立つのよ。男性誌もめっぽうヒントになるわよ」

グチ江「へえ！　たとえばどんなふうに？」

スミコ「面白い特集があったら、『女性に置き換えたらどうだろう』と考えることもできるし、『この雑誌の読者の奥さんはどんなこと考えてるかな』なんて想像もできるし」

グチ江「そうか！　考える方法って、たくさんあるんですね」

スミコ「そういうこと。今まで教えてこなくて悪かったわ。『とにかく考えろ』じゃ、たしかにわけがわからないわよね」

グチ江「いいえ。私も一人で抱え込んでいて、すみませんでした」

スミコ「そうそう。普段、あまり馴染みのない情報といえばね、違う世代の人と話すのもいいわよ」

グチ江「新鮮な視点を得るには最高ですね！」

スミコ「10代の子と話すのもいいし、うんと年上と話すのも面白いわよ。ほら、今も私と話してわかったでしょ？　ただの怖いオバサンじゃないことが（笑）」

グチ江「はい……じゃなかった！　いえいえ、そんなこと思ってません！」

スミコ「アハハ、冗談よ。ともあれ、ヒントがつかめたならよかったわ。新企画、とっても楽しみよ」

CASE 14

企画を通す

企画を提案する人 VS 企画をつぶす人

「どうやって説き伏せようか？」

↓

企画を提案する人 ＝ 企画を通す手助けをする人

「どこを直せば、良くなるでしょうか？」
「考え方のヒントをいただけますか？」

CASE 15

商品を買ってくれない取引先

新しく開発されたシステムソフトの売り込みに張り切るノロ太。制作部のボヤ彦から紹介してもらった顧客のもとへ、大いに期待を寄せつつ訪問したものの、担当者・イシ頭ダシオは、現在の業者を変えるつもりはないようだ。

夢がかなわない質問

ダシオ「イシ頭です、よろしく。ニシ田ボヤ彦くんのご紹介か。懐かしいな。僕が関西に赴任していたころ、彼にはずいぶん世話になったんだよ」

ノロ太「その節はニシ田がお世話になりました！　今回もぜひ……」

ダシオ「それなんだがね。マイナンバー管理はスタート時から別会社にお願いしているんだ」

ノロ太「あ、はい。ただ、今回開発いたしましたシステムは、他社にない新機能を備えておりまして。まずはこちらの資料をご覧ください」

ダシオ「うん……なるほどね。ここに入力するだけで一括計算できるのか。いい機能だね」

ノロ太「はい。ぐっと作業効率が上がります」

ダシオ「でもなあ。今のシステムに、部下たちは馴染んでしまっているからね」

ノロ太「はあ……」

ダシオ「それに、何といってもコストがねえ。今のシステムの1割増しというのは厳しいな」

ノロ太「しかし、その分、メリットも大きいですよ。ご検討いただけませんか？」

ダシオ「いやあ、予算的に無理だね。今回は残念だけど」

ノロ太「そこをなんとか！　お願いできませんか!?」

ダシオ「なんとか、って言われてもねえ」

ノロ太「イシ頭様とは浅からぬご縁ですし！」

ダシオ「そりゃ、ニシ田くんはそうだけど……」

ノロ太「では、どうでしょう。今回は特別に1割、お値引きをさせていただいて……」

ダシオ「おや、できるの？」

ノロ太「え、ええ……」

ダシオ「アハハ。会社に帰って怒られるぞ。あとになって『やはり無理』と言われても困るしね。こちらも、無理を言う気はないんだよ。今のシステムで十分、こと足りているから」

ノロ太「そ、そこをなんとか……。ダメ、ですか……？」

NGポイント

「押しの一手」には効果はないと心得よう

ノロ太さんのターゲットは、CASE13で経理システムの営業マンをうまくかわしたダシオさん。この難敵に、ノロ太さんは「押しの一手」で迫ろうとしています。

「もう決まった業者がいる」「予算を出せない」というダシオさんに対して具体的な反論はせず、ただ「そこをなんとか」と言うばかり。

「そこをなんとか」は、営業マンなら言いたくなるセリフでしょう。しかし、これが功を奏するのは、相手と親密な関係を持っている場合のみです。「そこをなんとか（私に免じて）お願いします」と言えるくらい相手がこちらに好意を持っていないと、成り立たないのです。ですからダシオさんも「ニシ田くんとは親しかったけれど、君とは初対面だし……」と思い、相手にしてくれません。

加えてノロ太さんは、買ってほしい一心で、危ない橋も渡りかけています。

「今回は値引きします」と譲歩するのは、「これくらいなら大丈夫」という確信がない限り、避けたいところです。類例として「今期だけ値引きします」「別の商品を値引きしますので、この商品はこの価格で」などの条件をつけるパターンもありますが、同じく営業の独断で勝手なことを言うのは危険です。ダシオさんにはそのあたりもしっかり見抜かれていて、軽くいなされています。

「買って」の一点張りは、すぐ手詰まりになるだけでなく、こうしたリスクも招きやすいので、気をつけたいところです。

解決策 相手の否定ポイントを、ポジティブに解釈し直す

大事なのは、ただ頼むだけでなく、相手のニーズを満たすことです。

ダシオさんが購入を決めない理由は二つ。すでに他社のシステムを使っていること、そしてノロ太さんの勧める新商品は、そのシステムより高額だということです。マイナンバーの管理は、必ずしなければなりません。であれば、相手のニーズを、他社よりも満たすことを理解してもらえれば、契約できるはずです。それを、質問で探っていくことです。

そして、相手が拒絶したときは、その理由を、ポジティブに解釈し直すことです。

「他社商品の使い勝手が良い」→「では他社商品より当社商品のほうが使い勝手が良いことがわかれば、購入していただけますか？」

「高額すぎる」→「ではこの価格以上の価値があるとわかれば、購入していただけますか？」

と、ネガティブな指摘をポジティブに転換していくのです。

NOと考える理由を言われたら、即、「それがクリアできればYESですね」と確認する。その段階で、相手は「そうだね、クリアできれば（買うよ）」と答えざるを得ません。

その言質を取れば、「買うことを前提」で話を進められます。その商品が他社商品よりどういいのか、高額を払っても、それを超えるどんな価値があるのか。それを相手に伝えることができれば、商談を「買う」方向に転換することができるでしょう。

もっとも、相手もまったく無抵抗というわけにはいきません。第三、第四のネガティブポイントを指摘してくる可能性もあります。それを防ぐためには、相手がネガティブポイントを指摘した段階で、「以上、二点をクリアできれば購入していただけますか？」と確認し、言質をとっておくことが有効です。

相手は、最初に指摘した二つのポイントがクリアできたらＹＥＳだ、とすでに言っている以上、それ以上のネガティブな指摘はしづらいものです。「先ほど、この二点がクリアできたらＹＥＳだと言ってくださいましたよね」という雰囲気を前面に出し、逃げ腰の相手をぐっと引き寄せましょう。

夢をかなえる質問

ノロ太「今回はお時間をいただき、ありがとうございます。ニシ田も来られればよかったのですが、都合がつかず非常に残念がっておりました」

ダシオ「ニシ田くんね、懐かしいね」

ノロ太「ニシ田がお世話になったイシ頭様に、今回はぜひこちらのマイナンバー管理システムをお勧めしたいと思いまして、参りました」

ダシオ「それが、言いづらいんだけどね。マイナンバー管理はスタート時から別会社にお願いしているんだ。それに、御社のシステムは高いでしょ？」

ノロ太「すでに他の会社のシステムをお使いなのですね」

ダシオ「とくにそのシステムで不満も上がってきていないしね」

ノロ太「そうですか。参考までに、そのシステムのどんなところが良かったのでしょうか？」

ダシオ「結構使い勝手が良くてね。探したい情報へのアクセスが簡単なんだよ」

ノロ太「なるほど。使い勝手を重視されているわけですね？」

ダシオ「そうだね。売上に貢献するものじゃないから、できるだけ使い勝手が良くて、効率的に業務を進められるほうがいいね」

ノロ太「ありがとうございます。実は、弊社の管理システムは使い勝手と業務効率性に自信がありますので、御社の業務に貢献できるのではないかと考えております。簡単にご説明させていただいてよろしいでしょうか？　その上で、もし現在お使いのシステムよりも、当社のシステムのほうが良い、ということがわかっていただければ……購入をご検討いただけますでしょうか？」

ダシオ「そうだね、よほどいいところがあれば、の話だがね」

ノロ太「ありがとうございます！　では、こちらの資料をごらんくださいませ」

ダシオ「……なるほど。いい機能だね」

ノロ太「これなら、社員の方々のすべての情報が一元化できます。使い勝手が良い、と思われますか？」

ダシオ「たしかに」

ノロ太「このように、スクロールしなくてもひと目でわかります。見やすい、と思われますか？」

ダシオ「うん」

ノロ太「操作が非常に簡単だ、という点もメリットです。この欄に入力するだけですべての項目がすぐに整理できます。部下の方々のご負担も減るのではないでしょうか？」

ダシオ「うん、そうだね」

ノロ太「いかがでしょう。機能についてはご納得いただけましたでしょうか」

ダシオ「機能面はね。でも、これだけの金額は出せないな。現行の1割増しだよね」

ノロ太「たしかに少々高額ですね。では、この価格でも、それ以上の価値がある、とおわかりいただければ、ご購入いただけるでしょうか？」

ダシオ「それ以上の価値って……」

ノロ太「はい。『価格に見合うだけの価値』ではございません、『価格の高さを超える価値』でございます！　いかがでしょうか？」

ダシオ「そこまでのメリットがあるなら、そりゃ、ほしくなるよね」

ノロ太「では、こちらをご覧ください。当社のお客様50社が、ご購入前に作業にかけていた時間の、平均値のグラフです」

ダシオ「ほう……」

ノロ太「で、当社のシステムを使っていただきますと、このように」

ダシオ「所要時間が三分の一か」

ノロ太「いかがでしょう。価格以上の価値があると、考えていただけますでしょうか」

ダシオ「……ある」

ノロ太「ありがとうございます！」

ダシオ「え、いや……」

ノロ太「メリットがあるとご判断されれば、ご購入いただけるのですよね」

ダシオ「まいったな。たしかにそう言ったね。うん、わかりました」

ノロ太「ニシ田も喜びます！　ニシ田のチームが精魂込めて開発いたしましたので」

ダシオ「そうか、彼にもどうぞよろしく伝えて」

CASE 15

ポジティブ応酬クエスチョン
～拒絶理由をすべて肯定理由に～

「高すぎるね」

➡「高い理由に
ご納得いただけたら、
お取引いただけますか？」

「他社さんのも見てみたいから」

➡「他社さんのものより
優れていることを
ご理解いただけたら、
お取引いただけますか？」

CASE 16

同じミスを繰り返す部下

営業マン・ウリ田マメオは最近、うっかりミスを繰り返す新入社員のウカ山シミ助に手を焼いている。とくに、電話の伝言ミスは数知れず。なんとか改善してもらいたい、と思うマメオだが……。

夢がかなわない質問

マメオ「ちょっとウカ山くん、どういうこと？　今、イカ山商事のイシ頭さんから電話があって、ひどくお怒りだったよ！」

シミ助「あ、あの……」

マメオ「『待っているのになぜ来ないんだ』ってね。約束は今日だったの？　僕は明後日だと思ってたよ。僕の外出中に君が電話を受けて、そう承ったんだよね？」

シミ助「申し訳ありません！　先方はあのときたぶん、『21日13時に来てほしい』とおっしゃったんだろうと思うんですが……」

マメオ「『たぶん』ってなんだ？『だろう』ってなんだ？」

シミ助「僕がそれを、『23日11時』とウリ田さんにお伝えしちゃったみたいで……」

マメオ「だから、『みたいで』って何なんだ!?」

シミ助　「本当に申し訳ありません！」

マメオ　「君、この手のミス、何回目？　しかも今回は顧客相手だ。どうしてくれるんだ？」

シミ助　「申し訳ないです……」

マメオ　「申し訳ない、申し訳ないって、謝るだけで全然進歩していないじゃないか！」

シミ助　「……」

マメオ　「わかってる？　電話を受けたら、必ずメモを取るものなんだよ！」

シミ助　「はい」

マメオ　「とくに時間や場所は絶対にメモを取る。自分の予定なら、すぐ手帳に書く。人に伝えるなら口頭と、念のためメモを渡すかメールを送る。基本中の基本！」

シミ助　「……」

マメオ　「前回も僕、言ったよね！　いったい何度言えばわかるんだ!?」

シミ助「次は絶対に、ミスしないようにします」

マメオ「前回も君、そう言ったよね。じゃあ、なんで同じミスを何度も繰り返すんだ‼」

解説

NGポイント　感情のままに叱責してもミスは減らない

シミ助くんの度重なる凡ミスで、多大な迷惑を被っているマメオさん。こういった場面では、多くの上司が感情的になってしまうものです。

「どうしてくれるんだ」「何回言えばわかるんだ」とマメオさんは問い詰めていますが、これはもはや質問ではなく、叱責です。相手の回答を求めているのではなく、自分の怒りをぶつけているだけです。

マメオさんの真の望みは、「部下を進歩させたい、部下のミスをなくしたい」ということであるはずです。ならば、この方法を取っていても望みはかないません。感情的に叱責されたシミ助くんは自分を守ることだけに精一杯になり、「どうすれば、自分はミスをなくせるのか」というところまで、思考が回らなくなるからです。

続いてマメオさんは、「電話を受けたらメモを取る、手帳に書く、伝言なら口頭と文面で伝える」などの「正しいやり方」を一方的に伝えていますが、これも良い方法とはいえません。シミ助くんに自力で正しい方法を考えさせ、見つけ出させることが、行動改善には欠かせないプロセスなのです。

解決策 ミスの原因を突き止めて、解決方法を考えさせる質問を

それには、以下の段階を踏んで質問を投げかけていくことが必要です。

まず、事実関係を明らかにすること。いきなり「正しいやり方」を押しつけたり、改善策を押しつけたりしても、実は、ミスの原因は、別のところにあるかもしれません。また、そのミスの原因は、電話メモを取らないこととは別のミスにつながっている可能性もあります。そこで、まずは、「何が起きたのか」という事実を明らかにすることが必要となってくるのです。ここで重要なことは、「事実」と「評価」を区別し、「事実」を探求すること。「不注意で」というような「評価」にとらわれてはいけません。今回のケースでは、いつ、どのように電話を受けて、どのように対応したのかを、思い出してもらいます。このときの態度はあくまで冷静に。怒りを表しながら聞くと、相手は萎縮して、自己弁護のために余計な言い訳をしたり、隠し事をしたりする可能性があるからです。

事実が明らかになれば、ミスの原因がつかめます。そこで次の段階では、ミスを防ぐた

めの方策を考えさせます。

どうすればミスの再発を防止できるか、と問いかけていくことで、シミ助くんの思考は後悔や自責ではなく「今後」へと向かいます。

その答えが出たら、第三段階として「今すぐ」できることは何か、と質問しましょう。

それは、頭で考えた改善策を、実行に移すための最後のひと押しです。

こうして、自分の考えた対策によって行動が改善され、ミスが減れば、それはシミ助くんにとって成功体験となり、成長のきっかけにもなるでしょう。

夢をかなえる質問

マメオ「ウカ山くん、さっきイカ山商事のイシ頭さんから『待っているのになぜ来ない』とお怒りの電話が来たよ。約束は明後日の23日だと、君は言ったよね？」

シミ助「……はい」

マメオ「先方は『21日13時の約束だ』とおっしゃってたよ。電話を受けた君から聞いた日時とは違うね」

シミ助「申し訳ありません！　僕の伝言ミスです！」

マメオ「そうか。少々、この手のミスが続くね。何か原因があるはずだな」

シミ助「原因……それは、僕がドジだからでしょうか……」

マメオ「そうだろうか？　ちょっと状況を思い出してみよう。電話を受けたとき、君はどういうふうに対応した？」

シミ助「電話を受け取って、たしか……書くものを探しました」

マメオ「ちょっと、君の机で再現してみようか」

マメオ「うん、なるほど。探さないと、書くものが見つからないわけだ」

シミ助「散らかっていて、恥ずかしいです」

マメオ「で、結局そのとき、書くものは見つかった？」

シミ助「見つかったのは電話を切ったあとでした。だから僕、頭の中の記憶をもとにウリ田さんにお伝えしてしまったんです」

マメオ「うん、状況はわかった。さて、間違った原因は何だと、君は考える？」

シミ助「まず、メモを書かなかったことです。で、その原因は、書くものがすぐ見つからないくらいデスクが散らかっていることです」

マメオ「そうだね。他には？　何か考えられる原因はある？」

シミ助「あのう、恥ずかしいのですが」

マメオ「いいから言ってごらん」

シミ助「僕、電話をかけたり受けたりするとき、ひどく緊張するんです」

マメオ「うーん。新入社員には、しばしばあることだな」

シミ助「固定電話をほとんど使ったことがなくて……なんて、言い訳ですね」

マメオ「ああ、君らの世代はそうなのか」

シミ助「あのときは偉い方の重々しい声だったので、ますます緊張して記憶が飛んでしまったのだと思います」

マメオ「原因はだいたいわかったね。じゃ、その原因を取り除くにはどうしようか？」

シミ助「まずは、デスクの整理整頓だと思います」

マメオ「うん。それはいいね。何から片づける？」

シミ助「この、山積みの書類ですが、捨てていいのかどうかわからなくて……」

マメオ「パソコンにデータが入っているなら、捨てていいんじゃないか？」

シミ助「そうなんですね！　置いておかなくてはいけないのかと思っていました」

マメオ「他には？」

シミ助「資料は、共有スペースにそのつど戻します。そうすれば、メモ用紙がどこかに紛れ込むこともないかと」

マメオ「メモ用紙は、どこにあるんだ？」

シミ助「あっ、必ず電話の横に積んでおくようにします」

マメオ「デスクに関しては解決だね。あと、電話で緊張するのはどう解決しようか？」

シミ助「これはもう、慣れるしかないのでしょうか……」

マメオ「慣れるために、今日からできる工夫はある？」

シミ助「なんだろう……。マニュアルを作るというのはどうでしょう」

マメオ「ほう、マニュアル？」

シミ助「小さいノートを用意して、典型的な受け答えのパターンを書いておくんです。それを読むようにすれば緊張しないし……。あ、そうだ。そこに大きめの付箋紙をいつもセットしておけば、メモ用紙としても兼用できます」

マメオ「おお、いいアイデアじゃないか。いつもマニュアル通りでは困るが、新人のうちはそうやって電話応対に慣れるのもいいだろう」

シミ助「ありがとうございます。どうすればいいのか、やっとわかりました！」

マメオ「うん、何よりだ！　僕も嬉しいよ」

CASE 16

ミスをなくすための四つの質問

❶ 何が起きたのかを明らかにする

「事実」と「評価」を区別し、

「事実」を探求する。

「何が起こったの？」

❷ 事実をもとに原因を突き止める

「そうすると、原因は何？」

❸ 改善策を考える

「どうすれば、ミスを防げるか？」

❹「今すぐできることは？」

第4章

自分に質問してみよう

CASE 17

「不幸のどん底だ」と感じている自分

グチ江の恋人・シミ助が突然「司法試験の勉強でしばらく会えない」と言ってきた。仕事面でも、頼りにしていた上司・スミコが別の部署に異動してしまい、自分は不幸のどん底にいるような気がしてきた。

夢がかなわない自問自答

――今、私は不幸のどん底にいる。なぜ、こんなに不幸なんだろう？

グチ江「それは、恋人と会えなくなってしまったから。彼が私より、司法試験を大切にしたのが悔しい。彼は、私よりも夢や目標のほうが大事なんだ。私は大切にされていないんだ」

――不幸から脱出するには、どうしたらいいのだろう？

グチ江「そんなの無理。仕事をバリバリこなす女性を目指していたけれど、現実は厳しい。職場では、『デキない子』と思われている。唯一、期待をかけてくれていた上司も異動してしまって、またダメな子に逆戻り」

――恋人とか上司とか、人を頼っているから良くないのでは？

グチ江「その通り。どうせ私は自立心のない、ダメな人間なの」

――なぜ自立心がないのだろう？

グチ江「一人っ子で、甘やかされて育ったからかな。私にも妹か弟がいたらなあ。もっとしっかりした人間になれたのかなあ、あの人みたいに」

――あの人、とは？

グチ江「この間、彼のお姉さんに初めて会ったのだけど、まさに『デキる人』って感じだったの。仕事でも大活躍みたいでうらやましい。それに比べて、私はダメだなあ」

――「ダメな人間」から卒業するために、努力はしないの？

グチ江「どうせ、がんばったって結果が追いつかないよ」

――それなら、あなたにとって簡単なことからやってみれば？

グチ江「無理無理。やる気が出ないもの」

――やる気を出すには、何が必要？

グチ江「彼が励ましてくれたら、あるいは上司がアドバイスをくれたら……。ああ、ダメだ、二人とも、今はそばにいないんだから。……私、本当に不幸だ!」

✕ NGポイント 「不幸の理由」を考え出すと、ますます不幸に

恋人と会えず、頼りにしていた上司も異動に。そんな状況を嘆くグチ江さんも、グチ江さんなりに「がんばろう」とは思っているのです。

しかしそこで、「なぜ不幸なのか」「不幸を脱出するにはどうすべきか」という自問自答をするのは、良い方法とはいえません。

まず、「自分が不幸である」という前提に立っているのが間違いのもとです。これは、自分に対する「誘導質問」です。自問自答するときに、「不幸」を前提にしてしまって、「幸せ」という要素を排除してしまっています。「不幸」を前提にして、その「不幸」の理由を考えようとすると、「幸せ」の方向に思考が向かうはずがないのです。これは、質問は、その質問の仕方によって、思考を特定の方向に強制的に向かわせる、という性質があるためです。グチ江さんは、自分で自分を「不幸」な方向で考えるよう仕向けてしまっているのです。その結果、自問から導かれるのは、「不幸である証拠」です。

実際のところ、グチ江さんより困難な状況にいる人はいくらでもいます。しかし彼女は

「自分は不幸」という前提でものごとを考えているため、そうした視点を持てずにいます。

「幸せ」になるためには、「幸せ」であることを前提に考えなければならないのに、「不幸」を前提に考えを深めようとするばかりに、ますます「不幸」になっていってしまいます。結果、自己嫌悪に苦しみ、人をうらやみ、さらに不幸になる——がんばろうとすればするほど、悪循環に陥るのです。

解決策　思い切った視点転換——「幸福な理由」を考える

では、グチ江さんはどうすればよいのか。それは、「不幸の理由」ではなく「幸福な理由」を考えることです。

「不幸を嘆いている真っ最中に、そんなことはとてもできない」という反論があるでしょう。しかし、ものごとは、どんな方向から解釈することも可能です。同じできごとも、嬉しいときと悲しいとき、怒っているときでは、感じ方がまるで違うものです。これは、実際にやってみなければわかりません。「そんなこと、できない」という思いは、ひとまず脇に置きましょう。自分を変えるわけですから、今の自分の考えを前提にしたら、前には進めません。まずはやってみましょう。とにかく「自分は今、幸福だ」という前提に立つことが重要です。まったく異なる観点から今の自分を解釈し直すのです。そして、「それはなぜか」と自分に問うてみること。最初は違和感があるでしょうが、これが状況を突破する最良の策です。

幸福前提で自分に質問をすれば、質問の強制力によって、思考は幸福の証拠を探します。「不幸の理由」を排除する方向に向かいます。すると、これまでまったく目を向けていなかった幸福に、スポットライトが当たります。どんな人でも、「幸せ」と感じられる部分があるはずです。自分よりもっと不幸な人を思い浮かべてみましょう。不治の病で余命幾ばくもない人が多数います。その人たちと比べて自分はなんと幸せなのでしょうか。交通事故で配偶者や子どもを一瞬にしてすべて失ってしまった人と比べたらどうですか？ 食べる物がなく、常に飢えている人たちが世界にたくさんいます。その人たちと比べたら？

まだ若く、未来があること。健康であること。将来を見据えて真剣にがんばる恋人がいること。仕事があること、自分を成長させてくれる上司がいたことなど、明るい要素がいくつも見つかるでしょう。

自分の心をポジティブな方向へ向けることができれば、希望が生まれます。「もっと成長したい」などの向上心も、こうした肯定的なマインドセットによって生まれるものなのです。

自分の思考は、自分でコントロールすることができます。もし、ポジティブな方向へ向けたければ、「ポジティブである」ことを前提として、その先を考えること。裁判では禁止される「誘導尋問」ですが、自分の成長を引き出すためには、どんどん使っていきましょう。

夢をかなえる自問自答

――今、私は幸福だ。どうして幸福なんだろう？

グチ江「幸福？　私のどこが幸福だっていうの」

――とにかく、幸福だと考えてみて。さあ、どうして幸福なんだろう？

グチ江「……とりあえず、生きている」

――「生きている」だけ？

グチ江「健康だし、病気もしていない。毎日働くだけの体力はある」

――世の中には仕事に就けない人もいる中で、あなたは幸福だね。

グチ江「でも、周囲から『デキない子』『ダメな子』と思われているみたいで、落ち込むことも多いけど……」

――では、仕事をしていて幸せなのはどんなとき？

グチ江「なんだろう。いろいろな参考資料を見ているときかな」

——資料を見ていると、どうして幸福なの？

グチ江「面白い記事が見られて、知識が得られて、企画の発想が湧いてくるから」

——企画の発想が湧くと幸せなの？

グチ江「元上司が教えてくれた方法なの。もう異動しちゃって、いないのだけど」

——その人に出会ってよかった、と思えることは？

グチ江「その人とは最初はうまくいかなかったの。でもある時期からわかり合えるようになって、嬉しかった。最初から『この人は苦手』と決めつけるのは良くないな、と思ったなあ」

——それなら、他の人とも、これからうまくいくかもしれないね。

グチ江「本当だ、そうかもしれない！」

——他に、幸福だと思えることはある？

グチ江「……恋人が、今は会えないいんだけど、私を好きでいてくれること」

——好きでいてくれる、といえる理由は？

グチ江「彼、今大きな目標にチャレンジしているの。でも、『目標に集中したいから別れよう』とは言わなかったんだよね。『しばらく会えないけれど、それはグチ江ともっと幸せになるためなんだからね』って言ってくれた」

——いい彼氏じゃない！

グチ江「そうなの。頼りない人だと思っていたけれど、いったん決意したら目つきが変わって、惚れ直しちゃった」

——彼と会えない間の「幸せ」は何だと思う？

グチ江「それが問題。やっぱり寂しいなあ……いや、待って。彼がそばにいないからといって、天涯孤独になったわけじゃない。家に帰れば、家族がいるんだから」

——家族がいて幸せだと思うことは何？

グチ江「家族は私を大切にしてくれている。帰ったらあったかいゴハンがあって、落ち込んでたら『大丈夫？』って言ってくれて、ありがたいなあ」

――家族がいない人から見たら、幸福すぎるくらいだね。

グチ江「本当にそうね。私、当たり前だと思ってて、ろくに両親にお礼も言ったことなかったなあ」

――お礼は、家族がいるうちにしか言えないね。

グチ江「そうだ、恥ずかしいけど、一度両親にお礼を言ってみよう。驚くだろうなあ」

――もしかして今、一歩大人への階段を上がったのでは？

グチ江「自立心が芽生えてきたのかも。ほんの少しだけどね」

――今、彼もそばにいなくて、一人でいるのは、チャンスかもしれないよ。

グチ江「そう、チャンスかもしれない。彼ががんばっている間、私ももっと成長したいな」

――晴れて彼と会える日がきたら、ビックリされるんじゃない？

グチ江「楽しみだわー。私も、いつまでも人に頼りっぱなしの『ダメな子』じゃないんだって、証明しよう！」

CASE 17

ネガティブ思考をポジティブ思考に変える「誘導質問」

※思考の「前提」を
「ネガティブ」から「ポジティブ」に転換

✓「自分はなぜこんなに不幸なのか」

→「自分が幸せなところはどこか」

✓「自分はどうしてこんなに悪い条件ばかりなのか」

→「自分にとって良い条件だと考えられることは何か」

CASE 18

怒りを引きずってしまう自分

キクヨの息子・シミ助は、いつも約束の時間を守らない。遅れるなら、なぜそれを早く言わないのか。なぜ時間を守れないのか。几帳面なキクヨには、まったく理解できない。気づけばまた、1時間も説教してしまった。

夢がかなわない自問自答

――シミ助、14時半に着くって言ったのに、まだ来ないのね。

キクヨ「スマホでメッセージを送ってみよう。『14時半に着くのよね？　今どこ？』。よし、送信」

――返信が来ないなあ。

キクヨ「どうしたのかしら。『何かあったの？　大丈夫？』――送信、と」

――やっぱり返答ないわね。もう15時よ！

キクヨ「あ、返信が来た。……『ごめーん、1時間遅れる』ですって!?　頭に来るわ！　返信。『なぜそれを早く言わないの！』」

――で、返事は？

キクヨ「『乗り越しちゃった』ですって！　まったく、ウッカリな子ね！」

――ウッカリなだけじゃないでしょう。昔から、時間にルーズじゃない。

キクヨ「私の子どもなのに、どうして。時間を守れないなんて、人として問題があるわ」

――あ、やっとご到着よ。

キクヨ「ちょっと、この子ったら、『ごめーん』の一言だけ!?」

――まあまあ、そんなにガミガミ言うのは、いくらなんでもかわいそうじゃない?

キクヨ「いやいや、この顔は全然悪いと思ってないわ! わからせないと!」

――あ〜あ、黙り込んじゃった。言いすぎたんじゃない?

キクヨ「いいえ、この子が悪いのよ」

――でも、「話がある」って言っていたのに、言い出せなくなっているみたいだけど?

キクヨ「そうね……。あら、もう16時半」

――まるまる1時間も怒ってたのね、遠くから会いにきた息子に……。

キクヨ「悪いのはこの子だけど、私も私だわ。どうして私、いったん怒ったら長々と引きずってしまうのかしら」

NGポイント

「こうあるべき」という思考が怒りを発生させる

約束の時間に遅れてきたシミ助くんに怒るキクヨさん。ようやくシミ助くんが現れたときにはすっかり不機嫌になっていて、その後1時間にわたってイヤな気分は去らなかった模様。「約束の時間に遅れた人に怒るのは当然でしょ！」と、キクヨさんに共感する読者も多いのではないでしょうか。でも、キクヨさんは、そんな自分自身にもイヤ気がさしています。

さて、この怒りの感情はどういうときに起こるのでしょうか。それは、期待を裏切られたときです。

キクヨさんは「人はすべからく時間を守るべきである」と考えています。共感できますね。また、社会人であれば常識でしょう。この「べき思考」は、期待感とも言い換えられます。相手は時間を守って当然だ、必ず時間通りに来るはずだと思っていると、それに反する行動を取られたときに怒りが発生します。

これはキクヨさんに限らず、あらゆる「べき思考」に当てはまります。

「部下たるもの、こまめに報告すべきだ」と思っている上司ならば、報告しない部下に怒りを感じますし、「食事は男性がおごってくれて当然」と思っている女性ならば、割り勘にされると気を悪くするでしょう。

つまり、怒りは人それぞれの価値観に依拠するものです。キクヨさんも、自分だけの価値観に着目しているがゆえに、怒りを収められないのです。しかし、シミ助くんは時間に遅れたことをどう思っているでしょうか。キクヨさんと同じ価値観を持っているでしょうか。価値観が違う人に、ただ自分の価値観を押しつけても、問題は解決しないことが多いでしょう。

解決策 「相手の価値観」を想像する質問を自分に向けてみよう

怒りを引きずりたくないならば、キクヨさんは自分の価値観をいったん脇に置き、遅れてきたシミ助くんの価値観に着目することが必要です。

シミ助くんは、遅刻をしてもひと言謝るだけで、心から申し訳ないと思っている様子が見えません。そこには、彼がさほど反省しない理由——つまり、彼なりの「正当化」の理由があります。

そこで有効なのは、「この子は、この行動を正当化するような、どんな価値観を持っているのだろう」という自問です。「仕事なら許されないが、親が相手なら大丈夫」と思っているのか、「うっかり乗り越したんだから仕方がない」と思っているのか。相手の行動の奥にある気持ちを想像し、「この子は、自分とは別の価値観を持っているのだ」と考えると、「べき思考」がＯＦＦになります。「〜すべき」と思ったときは、「〜したほうがいい」と思い直す、という方法もあります。「〜すべき」と思ってしまうと、それに反した行動を取られると怒りを感じます。正当化する理由を排除してしまうのです。でも、「〜したほうがいい」と思うと、「〜したほうがいいけど、もっと〜したほうがいいことがあったのかもしれない」という思考になります。たとえば、「約束の時間は守ったほうがいいけど、途中、怪我をした人を見つけたら、その人を助けるために時間を使ったほうがいい」というような思考になるでしょう。

相手には相手の価値観があることを受け入れられれば、怒りに振り回されることはありません。「もしかすると、うっかり乗り越したことと、息子が言っていた『大事な話』には関係があるのかも?」と、背景にまで思いを至らせる心の余裕も出るでしょう。

——シミ助、今ごろになって「1時間遅れる」なんてメッセージを送ってきたのね。

キクヨ　「『どうして早く言わないの』と返信したら、『乗り越しちゃった』って返事が来たわ」

——なぜ乗り越したんだろう。寝過ごしたのかな？　仕事で疲れているのかな？

キクヨ　「さあ……」

——ちょっと考えてみよう。**あなたは時間に厳格だけど、シミ助はどうだろう？**

キクヨ　「正反対ね。思えば小学生のころから、寝坊しては遅刻する子だった。しかも、それで許されると思っているみたい」

——許される、と思っているのはなぜだろう？

キクヨ　「高校生のころはよく、『遅刻したからって、死ぬわけじゃない』と言っていたわね。たしかに、死にはしないけど」

――今でも、そう思っているのかしら？

キクヨ「そういえば、『就職してからは遅刻してない』と言っていたわね。仕事ではさすがに遅刻は良くない、とわかってはいるのね」

――では、今現在、遅刻しているのはどうしてだろう？

キクヨ「親ならいいや、と思っているのかも」

――友だちや恋人に対しては？

キクヨ「あの子のことだから、きっとルーズね。つまり、関係が近しい相手なら遅刻してもいい、というのがあの子の基準なのね」

――あら、ようやくご到着。あまり反省してないみたいだけど？

キクヨ「笑って『ごめーん』の一言だけで済ませたわね」

――それはやはり、「親が相手なら許される」と思っているから？

キクヨ「それだけではなさそう。さっきのメッセージの『乗り越しちゃった』という言い訳が気になるところだわ」

――きっと、シミ助の基準では「仕方なかったんだ」と言えるだけの理由なのでは？

キクヨ「そうね。聞いてみよう」

――で？　乗り越した理由は？

キクヨ「驚いた。勉強に夢中になっていて、駅を過ぎているのに気づかなかったんですって。あの子が熱心に勉強するなんて、初めてかもしれない」

――何の勉強をしていたの？

キクヨ「なんと、司法試験を受けようと一念発起して、猛勉強中ですって。仕事もいずれやめるつもりだというから、ビックリだわ」

――「大事な話」というのは、そのことだったのね。

キクヨ「反対する気はないけれど……、法学部にいたころは全然その気がなかったくせに」

――決心も「遅れてやってきた」というわけ？

キクヨ「そうか。この子は何に関してもスタートが遅いんだわ。決心を固めるまでにも、そこから行動に移るまでにも、時間がかかるのよ。だから、パッと行動に移れる人――たとえば私みたいな人間とは、感覚が違うんだわ」

――ところで、いつものように怒らないのはなぜ？

キクヨ「もちろん、乗り過ごさないように注意していたほうがいい、とは思うけど、駅を過ぎたことすらわからないほど勉強に集中するのもいいことだ、と思ったから。私なら駅を通り過ぎないように注意するほうを重視するけど、この子は違うみたいね。人それぞれじゃないかしら」

――とはいえ、約束の時間は守ってほしいと思わない？

キクヨ「それは、今後の話かな。今は、いつもならすぐカンカンになる自分をコントロールできたことで良しとしたいわ。まあ、それどころじゃない話を聞いてしまったしね」

――大進歩ね。ガミガミ言わなかったおかげで、大事な話も聞けてよかった。

キクヨ「本当に。これからは、『相手の基準』をもっと意識するようにしよう」

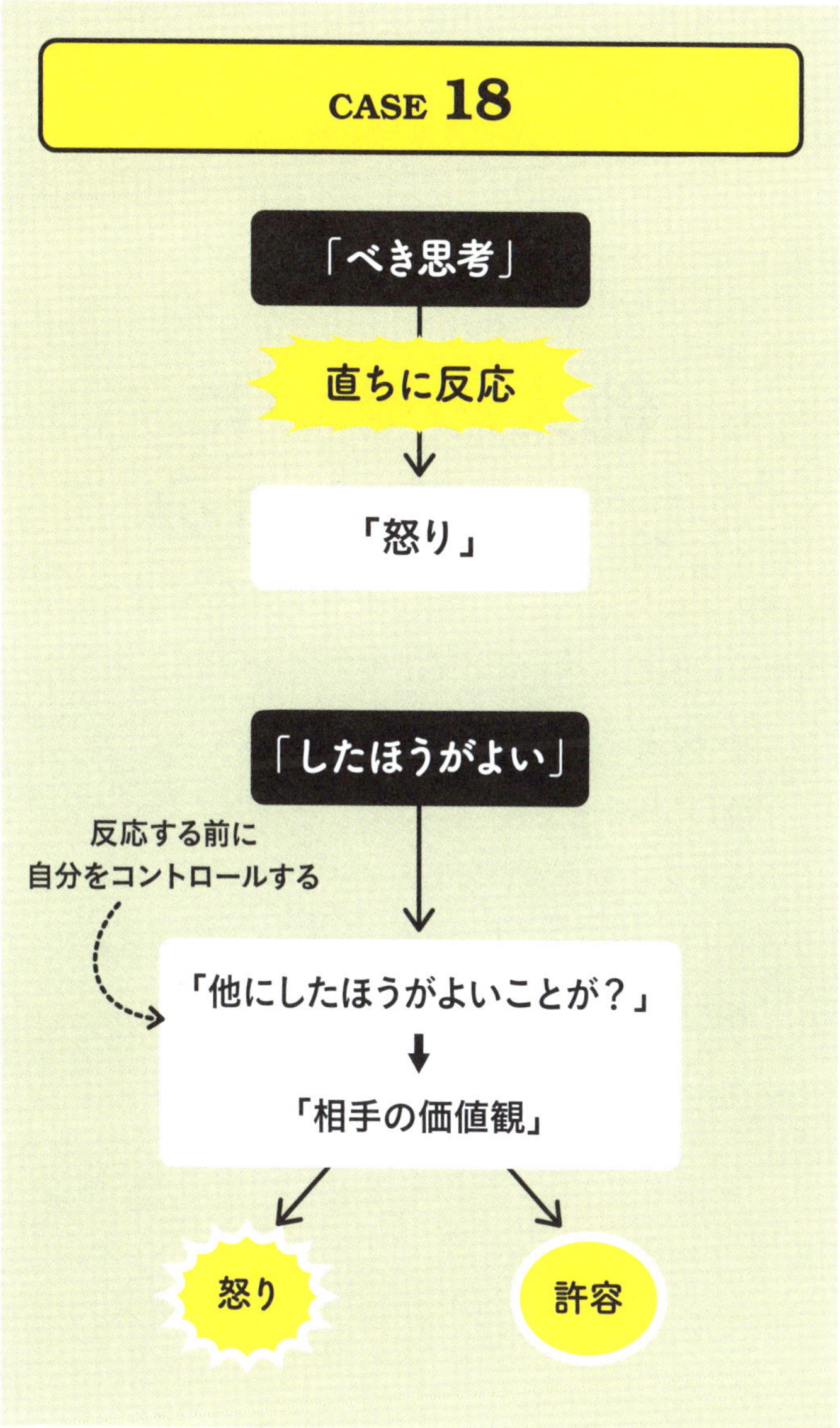
CASE 18
「べき思考」
直ちに反応
「怒り」
「したほうがよい」
反応する前に
自分をコントロールする
「他にしたほうがよいことが？」
「相手の価値観」
怒り
許容

CASE 19

他人のせいにしてしまう自分

キツ美は、母・キクヨに腹を立てている。「結婚したら、キツ美には仕事をやめさせたい」と勝手なことを言い出し、恋人・ノロ太も大混乱。いつもこちらの気持ちや意志を無視する母親のせいで、うまくいかないことばかりだ、と苛立っている。

夢がかなわない自問自答

——昨日から、恋人のノロ太が連絡をくれない。どうしてこうなったのだろう。

キツ美「発端は、昨日の結婚準備の打ち合わせ。お母さんが『結婚後は、キツ美には家庭に入らせたい』と爆弾発言。私、そんな気はさらさらないのに」

——彼の反応は？

キツ美「彼は、『収入源は二つあったほうがいい』と反対。すると母は、『この子が大変な思いをするのに平気なの？』なんて彼を非難するんだから、ひどいわ」

——それで、お母さんと彼がケンカに？

キツ美「怒ったのは私のほう。『勝手に私の将来を決めないで』と大ゲンカ。で、その後二人になったとき、彼は『親子そろってキツいんだな』なんて言うの。かばってあげたのに、あの言い方はないわ。で、彼にも怒りをぶつけてしまって……現在に至る」

――前から彼は「キツ美は怖い」って言ってたけれど、ますます恐れをなしたのでは？

キツ美「どうしよう、『結婚やめたい』って言い出したら⁉　そんなのイヤ～！」

――もしそうなったら、どうする？

キツ美「もう、一生お母さんのことを恨む！　全部お母さんのせいなんだから！」

――お母さんは、どうしてこちらの意志を尊重してくれないのだろう。

キツ美「昔からそうよ。弟への対応とは正反対。このあいだも、あの子が会社をやめると言うのをアッサリOKしちゃって」

――それ、かなり不公平なのでは？

キツ美「そうよ！　私が『こうしたい』と言うことには、たいてい反対するのに」

――なぜ、そんなに扱いが違うのだろう。

キツ美「……私、弟ほど愛されていないのかな。ああ、落ち込んできた」

――これからもずっと、この調子だろうか？

キツ美

「あの人が変わらない限り……私たち親子は、ずっとこうなんだわ」

✕ NGポイント 「あの人のせい」と思っても、その人は変わらない

母親の発言がきっかけで恋人と気まずくなり、不安にかられているキツ美さん。この状況を、彼女は「母親のせい」だと考えています。

冷静に考えれば、彼女の物言いや態度にも問題がある可能性は大です。しかし、彼女は発端となった母親にだけその原因を帰し、「昔からあの人はそうだ」と、母親を責めています。

このように、ものごとがうまくいかない状況ではしばしば、「あの人のせいだ」と思う気持ちが発生します。しかしそれでは、事態を変えることはできません。

「あの人のせい」で困っているとき、その他者は、こちらの希望とは違う行動に出ています。このケースでいうなら、キクヨさんはキツ美さんの意志に反して（というより無視して）仕事をやめさせたがり、それを勝手に恋人に言い、それに反対した恋人を非難する、という行動に出ています。

逆にいえば、キツ美さんは「そんな行動に出ない母親」を望んでいる、ということで

す。こちらの意志を尊重し、恋人とも円満な関係を築いてくれる母親でいてほしいのです。

しかし、その願いをかなえるのは困難です。「変わって」と言っても、他者は変わりません。実際、キツ美さんも「私の将来を勝手に決めないで」とキクヨさんに言ったものの、結果は大ゲンカになっただけでした。相手を変えたいと思うとき、往々にして、「あなたは、もっと人の気持ちを考えて行動したほうがいいよ」とか、「感謝の気持ちを持って生活したほうがいいよ」とか、変化を押しつけようとします。しかし、それがうまくいくことは、まずありません。自分を変えずに、相手に変化を強要しても、相手としては、変える理由がないからです。

解決策

自分が変われば、他者との「関係性」が変わる

相手に変わってほしければ、相手に「そういう行動はやめて」「あなたが悪い」「変えるべきだ」などと非難するのではなく、「自分が変わる」のが正解です。

ガンジーは、「他人に変わってほしければ、自分から変わるべきだ」という趣旨のこと

を言いました。周りを変えようとするのではなく、自分が変わることによって世界は変わっていくのだ、と説いたのです。

この言葉は、リーダーシップの面から解釈することもできますが、私はこの言葉を、次のように解釈しています。

対人関係は、常に相対的です。相手は、私のことを「この人はこういう人間だ」という偏見を持っていて、それを前提に態度や言動を決めます。そうであれば、自分が変われば、相手が自分との「関わり方」を変えてくれる、ということになるはずです。もちろん、自分が変わることで相手の人格は変わりません。しかし、相手の自分に対する接し方が変化します。つまり、自分と相手との「関係性」が変化することで、「この人は変わった」と感じることができるのです。相手との関係性が変われば、起こるできごとや環境にも変化が表れる。自分をとりまく世界が、今までとは違って見えてくる――ということではないか、と考えています。

ですから、キツ美さんがここでなすべき自問自答は、「自分がどう変われば、お母さんは変わってくれるだろうか」とか、「どういう自分になれば、お母さんは私の意志を尊重してくれるだろうか」というものです。相手を変えるのではなく、自分に対する相手の態度を変えるのです。この視点を持つことで、ギクシャクした親子関係に変化が訪れます。この方法は親子関係に限定されません。友人関係、職場の上司・部下、その他、すべての人間関係にいえることです。このように考えることができれば、キツ美さんをとりまく状況全体の好転へとつながっていくでしょう。

夢をかなえる自問自答

――いつもならノロ太から連絡が来る時間なのに、今日は来ない。どうしてこうなったのか、振り返ってみよう。

キツ美 「昨日の結婚準備の打ち合わせで、お母さんがいきなり『結婚後はこの子に仕事をやめさせたい』と言い出して、親子で大ゲンカ。そのあと、彼が『親子そろってキツいんだな』と言い、その言葉にも怒ってしまって……現在に至る」

――どうすれば、防げた事態だと思う？

キツ美 「お母さんとケンカしなければよかった。でも、あんまりにも腹が立ったから」

――どこに腹が立ったのか？

キツ美 「お母さんの勝手な希望を押しつけてきたこと。私は結婚してもずっと仕事を続けたいのに。あの人は昔から、私のやりたいことに反対するの」

――きちんとこちらの意志を聞いて、理解してくれるお母さんになってほしい？

キツ美「もちろん！」

――ならば、考えてみよう。自分がどんなふうに変われば、お母さんは変わるだろう？どんな自分になったら、お母さんは自分の意志を尊重してくれると思う？

キツ美「え、私が変わらなきゃいけないの？」

――とにかく考えて。今の、お母さんへの接し方の中で、変えたほうがいい要素はある？

キツ美「えーっと……『言い方がキツい』とは、しょっちゅう言われる」

――では、今後はキツい物言いを和らげてみよう。他には？

キツ美「『人の話を聞かないで、自分の言い分ばかり主張する』もよく言われる。で、いつも『お母さんこそ！』って言い返しちゃう」

――実際のところはどうだろう。お母さんの話を聞いている？

キツ美「……聞いてないかも」

――それはどうして？

キツ美「あの人は教師だったせいか、伝え方がストレートというか……結論を最初に言うのよね。『私は反対よ』とか『その考え方は違うわ』とか。その最初の一言でカチンときて、そのあとに続く理由の部分を聞かずに怒ってしまうの」

――それは、今回の件にも当てはまる？

キツ美「当てはまる。家庭に入ってほしい、という理由を、私、ろくに聞こうともしなかった。『アンタを心配して言ってるのに』とか、言っていたけれど……」

――お母さんは、何を心配しているんだろう？

キツ美「たぶん、仕事と家庭、どちらにも全力投球してパンクする、と思ってるのね。昔からよく、がんばりすぎだと言われたもの。受験勉強のときも『根を詰めすぎよ、少し休んだら？』とかね。弟には『勉強しなさい』ばかり言ってたのに」

――姉はがんばりすぎ、弟はがんばらなさすぎ、どちらも心配だったのだろうか。

キツ美「……そうか、わかった！　今回、弟が会社をやめて司法試験を目指す、っていう話にお母さんが賛成したのは、弟がついに、人生初の本気を出したからだったたのね」

――お母さんは、二人の子どもの幸せを、心から願っているのでは？

キツ美「たしかに。『弟と扱いが違う』なんてひがむのは間違いだわ」

――では今後、お母さんとはどんなふうに接していこうか？

キツ美「キツい物言いは封印する。そして、結論をバーンと言われても怒らず、『どうしてそう思うの？』とじっくり聞く。それに対して答えるときも、怒りを交えずに、こちらの気持ちを落ち着いて伝える。お母さんは、私が無理をしてパンクしないように、という心配をしているんだから、ちゃんと休むときには休んで息抜きをしていることを伝えたり、仕事が楽しくて、むしろ家庭でのストレスがあっても気分転換になることをわかってもらえるようにする」

――おそらくその姿勢で万全だろう。それに基づいて、今すぐできることはある？

キツ美「実家に電話して、昨日のことを謝ろうかな」

――ぜひそうすべきだろう。

キツ美「いや、ちょっと待って。その前に、彼と話したい」

――それはまた、なぜ？

キツ美「彼にも謝りたい。これからは優しくなるよ、と伝えたい。それから、今お母さんについて決めたことを彼に宣言したい。きちんと実行できるように」

――証人になってもらう、というわけ？

キツ美「そう！　というか、要は、声が聴きたいんだよね～♪」

CASE 19
※相手を変えようとすると…
自分を守ろう！
「ここがおかしい」
「変えるべきだ」
「こうすべき」
※自分が変わると、相手と「関係性」が変わる
「その通りね」

「どうしてそう思ったの？」

「ありがとう」

守る必要ないや

CASE 20

試験準備がはかどらない自分

司法試験に向けて猛勉強中のシミ助。しかし、思うように勉強がはかどらない。現時点での実力はロースクールの同級生たちと比べても劣っているような気がする。それでも、応援してくれる上司、家族、恋人のために、なんとか合格したい。

夢がかなわない自問自答

――夕食も食べ終わったのに、俺は何をボーッとしているんだ。勉強はしなくていいのか?

シミ助「俺、やっぱり、落ちるかも……」

――どうして、そんなに落ち込んでいるんだ?

シミ助「今日、初めて予備校に行って気圧されたというか……他の生徒がみんな、賢そうに見えて」

――それならなおさら、猛勉強して追いつかないと。

シミ助「バイトもしてるし、時間が取れないんだよ。今から必死にやっても間に合わないよ」

――具体的にどうやるのか、ちゃんと整理できている?

シミ助「先生が今日、必勝法について詳しく話してくれたけれど、その方法だと全然間に合わないよ」

――先生の言うことだけが正解じゃないよ。とにかく、今日買った参考書を読んだら？

シミ助「読んでみるか……」

――あれ？　書いてあることが、このあいだの参考書と違わない？

シミ助「うん、違う。別のを買おうかな……」

――それも、どこまであてになるかわからないよ。

シミ助「合格者がどんな基本書や参考書を使ったか、もう一度調べてみよう」

――今日買った参考書は、合格体験記に載ってたやつじゃないの？

シミ助「そうだけど、自分には合わないかもしれない」

――じゃあ、自分に合った参考書を探したほうがいいね？

シミ助「そうだよ。また明日、書店に行ってみよう。ということで、今日は、もう寝ちゃおう！」

NGポイント

「方法論の渡り鳥」にならない

「司法試験に受かりたい」という熱意はあっても、自信を持てないシミ助くん。周りはみんな、自分よりも賢そうで、まだ勉強法が確立できていない、と悩んでいます。

できるだけ効率的に勉強したいと思って、合格者が書いた「合格体験記」を読み、良い基本書や参考書を探しています。そして、ひとつの参考書を買って読んでみて、気に入らないと、また、他の人の合格体験記を読んで、「こっちの参考書のほうが良いのではないか」などと思い直して、参考書を買い直してしまいます。いつまでも勉強法が定まらず、頻繁に方法論を変える「方法論の渡り鳥」になってしまっているのです。

もちろん、気持ちはわかります。私も合格者が2％の過酷な時代に司法試験に挑戦しました。勉強を続けていると、「本当にこの勉強法は正しいのだろうか」「もっと効率的に学べる方法があるのではないか」などの疑問にさいなまれるのです。しかし、だからといって、方法論をコロコロと変えていたら、いつまでたっても先には進めません。

勉強法のみならず、いわゆるハウツーの類は本来、「その提唱者にとってベストな方法」であり、誰にでも当てはまるものではありません。ですから提唱者ごとに、具体的なやり方は少しずつ違ってきます。したがって、それらの情報に触れれば触れるほど、「どの本にも、少しずつ違うことが書いてある」ことに戸惑い、「何をしても間違っている気がする」という状態に陥っていくのです。

解決策 「試験当日のイメージ」から逆算し、方法論を貫く

勉強に限らず、目標を設定し、それを達成しようとするときは、方法論を決め、決めたらそれを貫き通す、ということが大切です。通常の方法で難しいと思えば、自己流でもいいから、「これならいける」という勉強法を考えることが必要です。

自己流なだけに、その具体的なやり方は人によって千差万別でしょう。しかし、方法を編み出す手順は共通です。

それは、「試験当日に、こうなっていればいい」という状態を思い描き、そこに到達するためにはいつまでに何をするか、というイメージを逆算して考えていくことです。

私は、高校生のとき、一時期偏差値が30台にまで落ち込んだことがあります。先生に職

員室に呼び出され、「卒業できるだけの成績は取ってくれ」と言われたことがあります。しかし、高校二年の夏休みに一念発起し、勉強に打ち込んで、試験範囲が限られた試験ではありますが、夏休み明けの試験でいきなり学年2番の点数を取ったことがあります。その後も勉強を続けて、明治大学法学部に入学でき、大学を卒業した年に司法試験に合格しました。私の勉強法は、自分で考えた独自の勉強法です。それでも、自分を信じて貫き通せば、一定の成績をおさめることができる、ということだと思います。

司法試験の場合、膨大な情報を頭に入れておくことが不可欠です。現在、司法試験は「短答式試験」で3科目、「論文式試験」で4科目8分野を受験しなくてはなりません。「試験当日に、各科目で、基本書や参考書、ノートなどの内容がどの程度頭に入っていれば合格するだろうか?」とイメージし、到達イメージができたら、それが可能となる方法論を考えるのです。

ダイエットをしたいのであれば、3カ月後に「×キロ痩せる」と目標を設定したら、それが可能となるように摂取カロリーと消費カロリーを計算し、その方法論を考えるのです。ただ単に、「お菓子を我慢しよう」というだけでは、かえって食事量が増えてしまい、3カ月後に何キロ痩せているか、あるいは、まったく痩せないかもしれません。また、一度決めたら、とりあえずその方法を貫くことが大切です。低糖ダイエットに着手して、1週間後に別のダイエット本を読んで低脂肪ダイエットに変更していたら、結果が出るはずがありません。

もし営業の仕事をしていたとして、「1カ月後には、週に1件は契約を取る」ということであれば、「週に1件の契約を取るためには、週に5件はアポイントを入れなければならない。そのためには……」などと具体的行動に落とし込んでいくのです。テレアポという方法を決めたら、途中で飛び込み営業などに変更せず、結果が出るまでにひたすらテレアポを極めていくのです。

そのような思考をするにも、自分で自分に的確な質問をしていくことです。自分への質問を重ねれば、それだけ深く考えることが可能となるのです。

夢をかなえる自問自答

――落ち込んでいても仕方ない。このペースでは絶対に試験に落ちてしまうよ。

シミ助「たしかにそうだ。何か方法を考えなくちゃ」

――これまでに、猛勉強で周りに追いついた経験はある？

シミ助「高校のとき、偏差値30台からいきなり学年2位になったことくらいかな」

――すごいじゃないか！　きっとポテンシャルは高いんだよ。

シミ助「あれは奇跡だったとしか思えないんだけど……」

――どうしてそんなことができたの？

シミ助「夏休み明けの試験でこれまでの低成績を挽回するために、夏休み中に参考書を使って試験範囲を猛勉強した。それだけだよ」

――具体的には、どんな方法で？

シミ助「試験当日、頭の中がどうなっていればいいかな、と思ったんだ。それには、参考書の内容が完全に頭に入っていればいいな、と。参考書を教室に持ち込んでいるのと同じくらい、思い出せるような状態にしたかったんだ」

――で、夏休みの間に覚えたと？

シミ助「うん。読むのは参考書だけだから、1カ月あれば覚え切れたよ」

――その方法を、司法試験にも応用すればいい。試験当日、どんな状態になっていればいいかな？

シミ助「要するに、すべての科目の内容が全部頭に入っていればいいわけだよね」

――内容って、何が頭に入っていればいいの？

シミ助「うーん。まあ、人それぞれだね。基本書もあれば参考書もあるし、ノートを頭に入れる人もいるね」

――じゃあ、そのうち、どれか試験会場に持ち込めるとしたら、何を持ち込む？

シミ助「やっぱり、基本書かなあ。必要なことが網羅してあるから」

――じゃあ、基本書を丸々覚えてしまえばいいわけだね？

シミ助「ああ、そうか！　なんて、そんな簡単なことじゃないよ。何科目もあるんだから、1科目覚えても、次の科目をやってるときには、前の科目を忘れちゃうんだから」

――ずっと覚えておくには、どうすればいいの？

シミ助「そりゃ、常に復習するってことだろうね。でも、そうなると、すべての科目に手が回らないよ」

――そこがネックになりそうだね。他の科目をやりながら、すでに終えた科目も勉強する方法はないかな？

シミ助「一日の時間のうち、いくらかを無理やり、すでに終えた科目の復習にあてる、ということだろうけど、毎日毎日が必死だから、なかなか難しいなあ」

――毎日、必ず一定の時間をつくり出す方法はある？

シミ助「毎日必ず、ってことになると、毎日やることにひもづけるのがいいね。たとえばお風呂の中で必ず復習するとか、トイレの中で復習するとか、起きた直後、必ず復習するとか、かな。うーん。起きた直後が一番いいかな」

――最初はいいだろうけど、あとになるほど復習する科目数が多くなって、大変な感じがするけれど、大丈夫？

シミ助「そうなんだよな。でも、最初のほうに手をつけた科目には、3カ月間ずっと触れ続けるわけだから、それに関しては、サーッと読み直すだけでいい状態になる。他の科目も順次そうなると思う」

――では、今からできることは何？

シミ助「まず、基本書を決める。決めたら、浮気はしない！　今一番馴染みのある、この一冊に決めよう！」

――では、明日から民法のスタートだね？

シミ助「いや、今すぐ始めるよ。これからは一分一秒を惜しんでがんばるよ！」

CASE 20

目標達成法

❶ 期限と到達イメージを定める

「○○カ月後に○○するには、
自分がどういう状態になっていれば
いいだろう？」

❷ 到達イメージの必要条件を考える

「そのために、必要な条件は何だろう？」

❸ 方法論を考える

「必要条件を得るためには、どういう方法が
よいだろう？」

※方法を決めたら、やり抜くこと。

CASE 21

目標を達成したいが、すぐ挫折してしまう自分

ダラ子の夫・マメオが勤務先の人事部に、海外赴任の希望を出した。もし希望が通れば、ダラ子も半年後、アメリカに住むことになる。向こうで生活できる程度の英語を急いで身につけたいが、はたして計画性のない自分にできるだろうか。

夢がかなわない自問自答

――まずは目標設定。私は半年後に、どれくらいの英語力を身につけたい？

ダラ子「日常会話ができる程度の英語力。だから……TOEIC® 600点を目指す！」

――ちなみに今は何点？

ダラ子「400点……はあ」

――半年間で猛勉強が必要だね。どうする？

ダラ子「この前ネットで見つけた『めざせTOEIC® 600点』というテキストを買う！」

――テキストを買って二週間もたったけど、全然読んでないじゃない。付録のCDも聞いてないし。

ダラ子「早くも脱落寸前です～」

——テキスト読み1時間、CDを聞くのに1時間。一日2時間くらい確保できないの？
今、どんな一日を過ごしているか、整理してみて。

ダラ子「朝は7時起きで朝食を作るでしょ。お昼までは洗濯と掃除。午後は……何だっけ。スーパーに行くんだっけ？　夜はマメオさんが帰ってくるから、夕食とか片づけとかで忙しい。で、お風呂に入って、11時までには寝たい！」

——夜に1時間くらい取れるでしょ。CDも、昼間外に行くとき、歩きながら聴けば？

ダラ子「夜はテレビを見るから無理。CDも、外でイヤホンつけるのはちょっとイヤだな。友だちに道で会ったときに、おしゃべりもできないし」

——ヒロ子さんは、事情を話したら「じゃあがんばらんとね。おしゃべりもほどほどにしよ」って言ってくれたじゃない？

ダラ子「みんながヒロ子さんみたいならいいけど、そうじゃないもん」

——昼も夜も無理なら、どうやって勉強するの？

ダラ子「わかんな〜い。まあ、直前に必死でがんばればいいんじゃない？」

――試験じゃあるまいし、一夜漬けで英会話はできるようにならないよ。

ダラ子「だよねえ……どうしよう……」

NGポイント

目標達成には必ず犠牲が伴う、と覚悟せよ

「昼間は友だちとおしゃべりをする」「夜はテレビを見る」などとノンキなことを言って、一日2時間の勉強時間さえ確保できないダラ子さん。

多くの人が犯す失敗に、彼女もまた陥ろうとしています。

目指すべき明確な目標があるのに、それを達成できず挫折してしまう最大の理由は、本人が「目標達成には必ず犠牲が伴う」ことがわかっていない、ということです。

「目標を達成する」ということは、「今やっていない何かを始める」ということです。それは、目標達成のための新たな行動を、一日24時間のうちに組み込むことを意味します。

たとえば、英語の勉強に一日2時間が必要となる、ということは、それまで行っていた、2時間分の何かをやめることが必要です。そのターゲットになるのは、おそらく娯楽や息抜きの類。削除あるいは短縮化することが求められます。場合によっては、今は必要だと考えていることでも、重要性を天秤にかけた上でやめる、という選択をすることすらあるでしょう。たとえば、家の掃除。これは必要なことでしょう。しかし、もし英語の習得が

最重要で、他に削る時間がまったくない、ということになったら、どうでしょうか。お金がかかっても、掃除だけ家政婦さんを雇う、という選択肢が出てくるかもしれません。

目標を達成できない人の多くは、この思考ができていないと思います。「目標を達成したい」「そのために毎日2時間勉強しよう」ということまでは決意するのですが、「そのために半年間は一切飲み会には参加しない。そのために友だちから避けられても構わない」とか、「半年間は、どんな番組があってもテレビは一日1時間しか見ない。映画も細切れでしか見ない」といった犠牲の決断ができていないのではないでしょうか。

ダラ子さんには、その覚悟がまるでありません。結果、テキストを読み、CDを聴くという新しいチャレンジも、二週間もたたないうちに頓挫しています。それでも問題に気づかないダラ子さんは、「直前になればなんとかなる」と考えて、対策を先送りにしていきます。これでは、未達成のままデッドラインを迎えるのは確実です。

解決策

「障害となるのは何か」「犠牲にするのは何か」という質問を

とはいえ、ダラ子さんの目標設定は、途中までは間違っていません。

目標設定をするときは、最初に「どんな目標を達成するか?」「いつまでに達成するか?」「どんな方法で達成するか?」を確認します。

そこでダラ子さんは「TOEIC® 600点を半年後までに達成する」「専用のテキストを買って毎日勉強する」という方法を定めています。

重要なのはここからです。目標達成を阻むものを排除するための自問――「そのために障害となるものは何?」「何を犠牲にする?」と問うことが必須なのです。

目標達成は犠牲を伴うという覚悟が必要だと述べましたが、「覚悟を決めよう」と思うだけでは行動に具体性を欠き、結局グズグズと誘惑に負けてしまうことになります。

それを防ぐために、次のように自らに問いかけましょう。

「目標達成をする上で、障害になるものは何か?」

「障害を乗り越えるために、犠牲にすることは何か?」

犠牲を払わず、障害も存在しない目標などありえません。自分の状況を見渡してどのような問題があるかを明らかにし、どのように排除するかを考えましょう。このプロセスによって初めて、目標に向かう覚悟とモチベーションが生まれるのです。

夢をかなえる自問自答

――まずは目標設定。私は半年後に、どれくらいの英語力を身につけたい？

ダラ子「日常会話ができる程度の英語力。だから……TOEIC®600点を目指す！」

――ちなみに今は何点？

ダラ子「400点……はあ」

――半年間で猛勉強が必要だね。どうする？

ダラ子「この前ネットで見つけた『めざせTOEIC®600点』というテキストを買う！」

――そのテキストを、どういうふうに使う？

ダラ子「一日1章ずつ読めば、1カ月で読み切れる本なの。だから半年なら6周できる計算。これならさすがに頭に入るでしょ」

――読むだけ？　リスニングは？

ダラ子「付録のCDでトレーニングよ。トータル1時間のCDを、毎日1回聞けばOK。テキスト読みと併せて、一日2時間の勉強で目標達成できるはず！」

――さて、この目標を達成する上で、毎日2時間勉強することの邪魔になることとは何？

ダラ子「やっぱり家事とか、家の細かい用事じゃないかな」

――**じゃあ、その障害を乗り越えるために、犠牲にしなきゃいけないことは何？**

ダラ子「何かな〜。料理かなあ、洗濯かなあ」

――家事をしなかったら生活できないでしょ。もっと重要性の低い要素はないの？　自分の今の一日を振り返ってみて。

ダラ子「7時に起きて朝食作り、マメオさんを送り出して、お昼までは洗濯と掃除。午後は何をしてたっけ……。何かいろいろ。夜はマメオさんが帰ってくるから、夕食作りとか、いろいろ忙しい。で、お風呂に入って、テレビ見て、11時までには寝たい」

——午後の「何かいろいろ」って何？

ダラ子「日によってまちまち。スーパーにお買い物、ついでに近所のお友だちとおしゃべり、というパターンが多いかな。そうでなければ、家で友だちとメールしてるかも」

——「犠牲にすること」はそれだね。その間、ずっと英語のCDが聴けるじゃない。

ダラ子「え〜っ。友だちと道で会ったとき、しゃべれないなんて気まずいよ」

——ヒロ子さんは「勉強がんばり〜」って言ってくれるんじゃないかな？

ダラ子「彼女は例外。自分ががんばり屋さんだから、がんばる人の気持ちがわかるの。でも、他の友だちはどうかな。『イヤホンなんかつけちゃって』なんて言われそう」

——友だちとおしゃべりをしたり、メールしたりするのに時間を費やすのと、英語を身につけるのと、どちらを取るの？ **目標達成には、必ず犠牲がつきまとうのよ。**一日には24時間しかなくて、今の24時間に、2時間を割り込ませるには、どこかの時間を捨てないといけなくなるのよ。

ダラ子「うーん。わかった。彼女たちにはちゃんと宣言する。『英語の勉強のために外でもCD聴いてるんだ。前みたいにおしゃべりできなくて残念だけど』って言う」

――もし、冷やかされたら？

ダラ子「イヤな気分になるけど、私は、そういうイヤな気分を避けるより、英語を身につけるほうを選ぶ！」

――その心意気よ。さて、夜も少しくらいは勉強しない？

ダラ子「たしかにそうだよね。夜、ダラダラとテレビ見るのやめて勉強しま〜す！」

――そんな不明確な決断じゃダメよ。テレビは一日何時間しか見ない、ってことにしない？

ダラ子「じゃあ、一日1時間にする！」

――2時間ドラマは？

ダラ子「1時間ずつ区切って見る！」

――ここまで計画しておいたら、なんとか軌道に乗せられそうじゃない？

ダラ子「たっぷり2時間以上確保できたもんね。よーし、がんばろう。楽しいことを犠牲にする分、絶対に英語ペラペラになってやるぞー！」

CASE 21

目標達成を阻害する要因を排除する二つの質問

❶ 「目標達成をする上で
障害となることは何か？」

❷ 「その障害を乗り越えるために
犠牲にすることは何か？」

※❷の覚悟ができないうちに行動を始めても、
目標は達成できない

あとがき

本書では、事例形式で、質問をどのように使えばよいのか、について解説しました。

なぜ、質問を使うと会話がうまくいくのか、について、最後にその根拠を説明したいと思います。

質問には、

①　思考を発生させる
②　思考の方向を強制する
③　回答を出力させる
④（回答が出力された場合には）立場を縛る

という四つの力があります。会話で登場した質問は、この四つのうちのどれかの力、あるいは、その組み合わせを利用したものです。
順番に説明したいと思います。

①思考を発生させる

普段の会話で、何気なく「昨日の晩ゴハン、何食べた？」と聞かれると、「あれ？　何食べたかな？」と考えます。そんなことどうでもいいことなのに、質問されると、そのことを考えてしまうのです。質問されるまでは、昨日の晩ゴハンのことなど、まったく考えていなかったのに、質問されると、そのことを考えてしまうのです。つまり、「質問することで、その質問内容に関する思考を発生させることができる」ということです。

この力は、どういうときに使えるでしょうか？　相手に何かを考えてほしいときですね。ある人に、自己中心的ではなく、他人の立場に立ってものごとを考えてほしいときに、「あなたに○○と言われて、鈴木さんは、どう感じたでしょうか？」と質問すると、質問に答えようとして、鈴木さんの立場で考えるという思考が発生します。

②思考の方向を強制する

「今まで一番悲しかったことは何?」と聞かれると、悲しかった思い出を思い出します。親の死かもしれないし、飼っていた愛犬が死んだことかもしれません。しかし、楽しいことは思い出しません。つまり、この質問は、「思考の方向を悲しみのほうに強制している」ということです。「自分のダメなところは、どこ?」と質問されると、ダメなところしか考えません。思考の方向が強制されるためです。逆に、「この方法を改善するためには、どうしたらいいと思いますか?」と質問されると、改善方法を考えることになります。

「この事業が失敗する根拠は?」と質問されると、失敗する根拠について考え、「この事業を必ず成功させるために絶対に必要なことは?」と質問されると、成功させるための絶対条件を考えることになるでしょう。

この質問を効果的に使うことで、人を説得したり、育てたりすることが可能となるでしょう。

③回答を出力させる

質問されると、ともかく、それには答えないといけない気持ちになります。「最近忙しいですか？」と聞かれて、それを無視するのは、なかなか難しいものです。質問には、回答を出力させる強制力があるために、質問されると、人は、そのことについて考えざるを得なくなるわけです。

④（回答が出力された場合には）立場を縛る

私たちは、「先日、こう言いましたよね？」「いいって言ったよね？」などという責め句に弱いものです。「結婚したら、家事は何を手伝ってくれる？」と質問され、「風呂掃除くらいやるよ」と回答しておいて、結婚したあとでやらないと、「結婚前に約束したよね」などと責められ、肩身の狭い思いをします。つまり、私たちは、質問に回答した場合、自分の回答に自分自身が縛られることになります。いわゆる言質を取られてしまう、ということです。

したがって、交渉や説得において、相手に質問し、答えさせることによって、話し合いを有利に進めることができるようになります。

以上、説明した質問の四つの力をよく理解し、どの力をどう使うのか、会話の目的に従って質問を作ることが大切です。質問には、強力なパワーがあるため、間違った質問をしてしまうと、思考が間違った方向に進んでしまい、会話も意図しない方向に向かってしまう、ということです。

会話の中で適切な質問をすることにより、相手に何かを望む方向で考えてもらい、答えを言ってもらうことが可能となります。それにより、悪化しそうな人間関係を良い方向に転換することが可能となるのです。

質問力は、一朝一夕に身につくものではありません。本書の著者である私も、今も日々「ああ、あのときの質問は、こうしたほうが良かったのではないか」と反省の連続です。しかし、そうやって、日々の質問を検証し、改善していくことにより、少しずつでも質問力が向上してゆくのだと信じています。今後も、すばらしい情報を得るため、人間関係を良好に保つため、そして、夢をかなえるために、質問力の向上に努力したいと思っています。

なお、本書では、日常的に発生する会話事例をいくつか挙げましたが、私の乏しい想像力では、とても事例をつくり出すことはできませんでした。本書執筆にあたっては、株式会社PHP研究所文芸教養出版部人生課 前田眞宜様と、ライターの林加愛様と私の三人で、ディスカッションしながら、事例を選定しました。あらためて、お二人にお礼を申し上げます。

最後に、本書が、読者の夢をかなえるための一助となることを願ってやみません。

谷原　誠

〈著者略歴〉
谷原 誠（たにはら・まこと）
弁護士。1968年愛知県生まれ。明治大学法学部卒業。91年司法試験に合格。企業法務、事業再生、交通事故、不動産問題などの案件・事件を、鍛え上げた質問力・交渉力・議論力などを武器に解決に導いている。現在、みらい総合法律事務所代表パートナー。ニュース番組等の解説でも活躍する。

装丁　松田行正
執筆協力　林 加愛
挿画　Kudryashka/Shutterstock.com

あらゆる人間関係を改善する！
夢をかなえる質問

2017年4月4日　第1版第1刷発行

著者　谷原 誠
発行者　安藤 卓
発行所　株式会社ＰＨＰ研究所
京都本部　〒601-8411　京都市南区西九条北ノ内町11
文芸教養出版部　☎075-681-5514（編集）
東京本部　〒135-8137　江東区豊洲5-6-52
普及一部　☎03-3520-9630（販売）
PHP INTERFACE　http://www.php.co.jp/
組版　朝日メディアインターナショナル株式会社
印刷所　図書印刷株式会社
製本所　東京美術紙工協業組合

ISBN978-4-569-83494-8